Corrie ten Boom
mit Carole C. Carlson

Kleines Haus mit offenen Türen

Meine Jugendjahre in Haarlem

R. BROCKHAUS

Die englische Originalausgabe erschien unter dem Titel
IN MY FATHER'S HOUSE bei Christian Inc.,
24098 Via Helena, Murieta CA 92562, U.S.A.

Deutsch von Lotte Reimeringer-Baudert

RBtaschenbuch Bd. 873

7. Taschenbuchauflage 1998

Umschlag: Dietmar Reichert, Dormagen
Gesamtherstellung: Breklumer Druckerei Manfred Siegel KG
ISBN 3-417-20873-4
Bestell-Nr. 220 873

Dieses Buch ist gedruckt auf 100 % Recyclingpapier

Als meine Eltern heirateten, wählten sie Psalm 32,8 als das Wort für ihr Leben. Sie waren gewiß, daß dies Gottes Zusage war, auf die sie immer vertrauen durften.

> »Ich will dich unterweisen und dir den Weg zeigen, den du gehen sollst; ich will dich mit meinen Augen leiten.«

Diese Verheißung wurde auch in ganz besonderer Weise der Leitfaden für mein Leben.

Corrie ten Boom
(in: »Mit Gott durch dick und dünn«)

VORWORT

Heute weiß ich, daß Erinnerungen der Schlüssel sind, nicht zur Vergangenheit, sondern zur Zukunft. Ich weiß, daß unsere Erlebnisse, wenn wir sie von Gott gebrauchen lassen, die unbegreifliche, aber vollkommene Vorbereitung sind für die Arbeit, die Er uns geben wird.

Corrie schrieb dies in ihrem Buch »Die Zuflucht«, ohne sich bewußt zu sein, daß es die Einleitung zu diesem Buch werden sollte.

Als ich mit Corrie arbeitete, mit ihr durch Amerika reiste und bei ihr in Holland war, sah ich sie in den verschiedensten Situationen. Immer wieder staune ich, wie der Herr sie gebraucht. Einmal beteten mein Mann und ich mit ihr in dem kleinen Nebenraum eines großen Saales. Sie sah sehr blaß aus vor Schmerzen und Müdigkeit. Als sie dann vor 4000 Menschen auf dem Podium stand, war ihre Stimme fest, und sie brachte eine packende Botschaft. Sie war – und ist – ein lebendiges Beispiel dafür, wie der Geist des Herrn durch einen Menschen wirkt, der sich Ihm zur Verfügung stellt.

Aber als dieses Buch wuchs, fesselte es mich immer mehr zu sehen, daß dies mehr war als eine Sammlung von Erinnerungen – mehr als Heimweh nach einem erfüllten vergangenen Leben. Hier waren die einzigartigen Lektionen einer Familie, die sich auf die Zukunft vorbereitete, eine Zukunft, in der sie die Stärkung durch Gottes Liebe und Kraft dringend brauchen würde.

Wenn wir in der Zeit leben, von der wir glauben, daß sich in ihr Gottes Plan für den Planeten Erde erfüllen, wo der Neuanfang, den Jesus verheißen hat, stattfinden wird – dann braucht jeder einzelne, braucht jede Familie Leitlinien für das Leben in dieser Zeit. Nie waren sie in der Geschichte der Menschen so wichtig.

Als ich mich in diese wunderbaren »vorhergehenden Jahre« vertiefte, ging mir auf, wie sehr sich die verschiedenen Episoden in Corries Leben auf unsere heutige Lebensweise anwenden lassen. Ich habe so viel für mein eigenes Leben und für meine Familie gelernt, während ich mit Corrie im Hause ihres Vaters lebte. Wir wollen dorthin zu Besuch gehen . . .

Carole C. Carlson

INHALT

1. Ererbtes

»Merkwürdig, seltsam . . . Peter, wo hat denn die Köchin mitten im Winter Erdbeeren her?«

Der holländische Kaufmann rief seinen Diener und wies auf die Früchte in der silbernen Kompottschale. Sogar in sehr reichen Häusern war dies zu Beginn des 18. Jahrhunderts ein erstaunlicher Luxus.

»Sie sind vom Gärtner, mein Herr, . . . von ten Boom. Er verrichtet wahre Wunder in seinem Treibhaus.«

»Ten Boom, sagst du? Hmm, muß ich mir merken. Großartig! Gib mir noch etwas, Peter, mit viel Sahne!«

Mein Urgroßvater ten Boom züchtete diese großen Erdbeeren in der kalten Jahreszeit, während rotbackige Kinder auf den Kanälen Schlittschuh liefen. Er war kein gewöhnlicher Obstzüchter, sondern ein Fachmann, der den Boden mit so viel Liebe pflegte, daß er Wunder hervorbrachte. Er experimentierte mit Pflanzen, bald im Eiskeller, bald im Treibhaus, bis er die Früchte bekam, die auf dem Tisch seines Herrn aufgetragen wurden, eines der reichsten Männer in Hofstede, Bronstede, Heemstede.

Diese unscheinbaren Erdbeeren bewahrten meinen Urgroßvater vor dem Gefängnis!

Es war in der napoleonischen Zeit; Europa erbebte unter dem Angriff des bösartigen, kleinen Mannes von Korsika. Der französische Kaiser besiegte ein Land nach dem andern, während er durch Europa zog und die Menschen zwang, sich ihm zu unterwerfen. Die holländische Regierung wurde von Napoleons Anhängern beherrscht und unterdrückt.

Mein Urgroßvater war ein unabhängiger Mann: Er hatte Mut, aber ich fürchte, nicht viel Takt. Er weigerte sich, sich Menschen, die andern die Freiheit nahmen, zu unterwerfen. Die Holländer hatten damals zwei Möglichkeiten: Entweder sie gehorchten denen, die dem stolzen Diktator dienten, oder aber sie mußten auf Strafe gefaßt sein.

In allen Epochen der Menschheitsgeschichte, in denen Tyrannei herrscht, wird von den Menschen Treue verlangt.

An einem Sonntag ging mein Urgroßvater zur Kirche. Der Pfarrer kündigte das Eingangslied an. Das Thema stammte aus dem 12.

Psalm. Als jedoch die Gemeinde die Worte erfaßte, schwieg einer nach dem andern. Sie erkannten, daß das Lied ihre politische Lage genau wiedergab. Niemand wagte weiter zu singen.

Aber mein Urgroßvater und der Pfarrer sangen lauter, ein trotziges Duett:

Der Böse betrachtet sich aller Bande los und geht umher und hetzt die Leute auf. Die bösen Leute sind davon überzeugt, daß sie die Zügel in der Hand haben, und sie werden zu höchsten Ehren erhoben.

Betrübte Herzen (schweigende Stimmen) bekamen durch die Tapferkeit des Pfarrers und des Gärtners neuen Mut.

Als die Nachricht von der verräterischen Herausforderung ten Booms die Behörden erreichte, mußte er im Rathaus erscheinen. Gewiß war er auf die Folgen vorbereitet, als er den diensttuenden Beamten anredete.

»Was wünscht der Herr Rotznase von mir?«

Erst forderte er das Regime heraus, und dann schleuderte er seinen Anklägern diesen verächtlichen Namen ins Gesicht!

Was aber haben die Erdbeeren mit dem allen zu tun? – Ehe man den Urgroßvater verurteilen oder ins Gefängnis werfen konnte, legte sein Herr sich ins Mittel. Er war ein sehr einflußreicher Mann, und so wurde ten Boom freigesprochen. (Ein Gärtner kann im Gefängnis doch kein Obst züchten, nicht wahr?)

Mein Vater erzählte uns diese Geschichte vom Urgroßvater und dessen persönlicher Herausforderung des napoleonischen Regimes mit einigem Stolz.

»Ich bin froh, daß er ein richtiger Mann war«, sagte er.

Mehr als hundert Jahre später, als die Leute zu Vater sagten: »Hör damit auf, Juden in dein Haus aufzunehmen – du wirst ins Gefängnis kommen«, antwortete er: »Ich bin zu alt fürs Gefängnis. Sollte es aber geschehen, dann wird es mir eine Ehre sein, mein Leben für Gottes Volk, die Juden, zu geben.«

Von Generation zu Generation

Willem ten Boom, mein Großvater, war nicht so kräftig wie sein Vater. Deshalb wählte er einen Beruf, der körperlich nicht sehr anstrengend war. Im Jahre 1837 kaufte er ein kleines Haus in Haarlem für 400 Gulden und fing ein Uhrengeschäft an.

Im Jahre 1844 besuchte Pfarrer Witteveen den Großvater. Er hatte eine Bitte. »Willem, du weißt, daß die Schrift uns sagt, daß wir für den Frieden von Jerusalem und um Segen für die Juden beten sollen.«

»Ja, sicher, Herr Pfarrer, ich habe Gottes altes Volk immer geliebt – es hat uns unsere Bibel und unsern Heiland gegeben.«

Auf dieses Gespräch hin entstand ein Gebetskreis, in dem Großvater und seine Freunde für das jüdische Volk beteten. Das war unter Christen damals etwas Ungewöhnliches. Die Juden waren über die ganze Welt verstreut. Sie hatten kein eigenes Land und keine nationale Identität. Die Stadt Jerusalem war durch jahrhundertelange Kämpfe zerrissen. Die Augen der Welt waren noch nicht auf den Nahen Osten gerichtet; aber trotzdem kamen einige wenige holländische Gläubige in einem kleinen Hause in Haarlem, einem Uhrengeschäft (später die Beje genannt), zusammen, um die Bibel zu lesen und für die Juden zu beten.

Auf Seine Weise, die unser menschliches Denken übersteigt, beantwortete Gott dieses Gebet. Es war im selben Hause, genau hundert Jahre später, als Großvaters Sohn, mein Vater, vier seiner Enkel und ein Urenkel verhaftet wurden, weil sie während der deutschen Besetzung geholfen hatten, Juden zu retten.

Ein anderer stolzer Diktator, herausfordernder und wahnsinniger als Napoleon, hatte sich vorgenommen, alle Juden in der Welt zu vernichten.

Weil sie Juden geholfen und sie versteckt hatten, starben mein Vater, der Sohn meines Bruders und meine Schwester im Gefängnis. Mein Bruder überlebte die Gefangenschaft, starb aber bald darauf. Nur Nollie, meine ältere Schwester, und ich kamen lebend heraus.

So oft fragen wir uns, weshalb Gott zuläßt, daß manche Dinge in unserm Leben geschehen. Wir versuchen es zu verstehen, aber die Fragen bleiben offen. Die Torheit Gottes aber ist soviel weiser als die Weisheit der Menschen.

Von Generation zu Generation, von kleinen Anfängen und kleinen Lektionen an, gibt es einen Plan für diejenigen, die Ihn kennen und Ihm vertrauen.

Gott hat keine Probleme – nur Pläne!

Beginnen wir mit Mutter

Meine Mutter war eine Frau mit Sinn für Humor und eindrucksvollem Äußeren. Sie hatte schweres dunkles, lockiges Haar und schöne blaue Augen – eine ungewöhnliche Kombination für Holländer. Sie stammte aus einer großen Familie. Ihr Vater starb, kurz nachdem ihre Mutter das 8. Kind zur Welt gebracht hatte. Nun mußten ihre Mutter und die älteren Geschwister für ihren Lebensunterhalt arbeiten.

Eine ihrer Schwestern, Jans, gründete einen Kindergarten, wo Cor, meine Mutter, und eine andere Schwester, Anna, ihr halfen. Gewiß hat diese Erfahrung meiner Mutter später bei der Erziehung ihrer eigenen Kinder geholfen.

Als Jans neben ihrem Kindergarten noch eine Sonntagsschule anfing, begann sie mit einem jungen Theologiestudenten, Hendrik Wildeboer, zusammenzuarbeiten, der ihr besonderer Freund wurde. Cor war einem stattlichen Lehrer in der Sonntagsschule, namens Casper ten Boom, aufgefallen, und sofort entdeckten sie etwas Gemeinsames: Sie hatten am gleichen Tage Geburtstag – am 18. Mai.

Die Romanze zwischen Cor und Casper vertiefte sich; als Cor ihre Großmutter in Harderwijk besuchte, fühlte sich Casper so einsam, daß er am nächsten Tage auch dorthin fuhr.

Etwa fünfzig Jahre später besuchte ich mit Vater das alte Städtchen Harderwijk an der Zuidersee. Als wir durch die Bruggestraat gingen, sagte Vater: »Hier habe ich deine Mutter gefragt, ob sie mich heiraten wolle. Damals gingen wir noch über Kopfsteinpflaster, aber viele alte Häuser und das Tor sind noch ganz unverändert.«

Er schwieg und dachte an die vergangene Jugendzeit und an seine Liebe zu der sanften Frau mit den lachenden Augen.

»Sagte Mutter gleich ›ja‹?« fragte ich.

»Nein, erst am nächsten Tag. Ich habe die Nacht kaum geschlafen, als ich auf ihre Antwort wartete!«

Als ich ihn fragte, ob er jemals seinen Entschluß, Mutter zu heiraten, bereut habe, sagte er: »Nein! Bis zum letzten Tage ihres Lebens habe ich deine Mutter genauso geliebt wie an jenem Tage in Harderwijk. Wir hatten kein leichtes Leben – wir hatten viel Leid zu tragen –, aber Gott hat uns ganz besonders wunderbar geführt.«

Ein kleines Uhrengeschäft

Großmutter starb kurz vor Caspers und Cors Hochzeit. Vater hatte inzwischen ein Uhrengeschäft in einem kleinen Haus mitten im Judenviertel von Amsterdam eröffnet.

Eines Tages kam ein Kunde zu ihm. Er war Pfarrer in Ladysmith in Südafrika. Er bat Vater, eine Uhr und eine Glocke für den Turm seiner Kirche zu liefern. Das war etwas Großartiges für den jungen Kaufmann! Der Auftrag war leicht auszuführen. Vater brauchte nur nach der Fabrik im Süden des Landes zu reisen und Uhr und Glocke auszusuchen. Der Fabrikant sorgte für alles Weitere. Aber die Vergütung für diesen Verkauf war groß genug, daß die Eltern heiraten konnten.

Onkel Hendrik, der Mann von Tante Jans, war Pfarrer in einem kleinen Dorf nicht weit von Amsterdam. In diesem Dorf gingen die Eltern zuerst zum Standesamt, wo sie bürgerlich getraut werden sollten. Der Standesbeamte war der Meinung, daß sie vornehme Leute seien, weil sie aus Amsterdam kamen. Er versuchte sich recht würdevoll auszudrücken, wie es sich für dieses vornehme Paar gehörte, und fing seine Rede folgendermaßen an: »Geehrtes Brautpaar . . . Sie sind jetzt . . . Sie sind jetzt zusammen . . . Sie sind jetzt zusammen hier . . .« Er schwieg, blickte umher und brach in Tränen aus.

Vater sagte: »Ich bin sehr durch Ihre Worte und Ihre Tränen gerührt, aber wir möchten getraut werden!«

Der Arme brachte die Sache irgendwie zu einem Ende. Onkel Hendrik traute sie in seiner Kirche – ohne Tränen.

Die Jungverheirateten bezogen nach der Hochzeit ein ärmliches, kleines Haus in Amsterdam. Es war wohl gut, daß der rührselige Beamte im Rathaus nichts von ihren bescheidenen Verhältnissen wußte!

Mutter hatte von einem Häuschen mit einem kleinen Garten geträumt, denn sie liebte Blumen und Farben.

»Ich sehe so gern ein großes Stück Himmel«, sagte sie oft.

Der Himmel war da. Wenn sie sich nur weit genug aus dem Fenster beugte, konnte sie ihn in der engen Straße sehen. Das Haus hatte ein einziges Zimmer in jedem Stock, und es war möbliert mit den alten Möbeln, die meine Großmutter hinterlassen hatte.

Mutter mit Willem und Betsie

Es war wenig Geld da, aber sehr viel Glück.

Die jüdische Nachbarschaft ermöglichte es Vater, an ihren Sabbatfeiern und andern Festtagen teilzunehmen. Er studierte das Alte Testament, ihren Talmud, mit ihnen und bekam Gelegenheit, über die Verheißungen des Alten Testamentes und ihrer Erfüllung im Neuen Testament mit ihnen zu sprechen.

Die Liebe meines Vaters für das jüdische Volk wuchs während dieser ersten Ehejahre.

Die Eltern lebten am Rande der Armut, aber ihre Zufriedenheit wurde nicht durch die äußeren Umstände bedingt. Ihr Verhältnis zueinander und zum Herrn gab ihnen Kraft.

Kinder

Als sie ihr erstes Kindchen erwartete, war Mutter froh, daß sie nähen gelernt hatte. Sie hatte eine alte Nähmaschine von ihrer Mutter geerbt, und jeden freien Augenblick nähte sie kleine Kleidungsstücke für ihr Kind. Eine Jüdin, die oben im Hause wohnte, war sehr neugierig und fragte Mutter, ob sie Näherin sei.

»Nein«, antwortete Mutter stolz, »aber ich erwarte mein erstes Kind. Sehen Sie mal, das habe ich selbst gemacht!« Und sie hielt liebevoll ein niedliches Kleid hoch.

Die Jüdin war erstaunt. »Sie nähen die Kleider doch nicht, ehe das Kind da ist? Das heißt Gott versuchen!«

Mutter wunderte sich, aber sie sorgte weiter für ihr Baby. Sie fing jedoch an zu verstehen, weshalb Maria nur Windeln für das Jesuskind hatte. Es war nicht aus Geldmangel, sondern weil es jüdische Sitte war, vor der Geburt des Kindes keine Kleidung herzustellen. Die portugiesischen Juden halten bis auf den heutigen Tag noch an dieser Tradition fest.

Nachdem Betsie, das erste Kind, geboren war, wurde Mutter sehr krank. Sie bat ihre jüngste Schwester, Anna, ihr ein paar Wochen zu helfen. Aus den paar Wochen wurden vierzig Jahre.

Mutter und Tante Anna hatten sich immer gut verstanden. Als Mutter heiratete, zog Tante Anna zu Tante Jans und Onkel Hendrik. Sie hatte aber immer Sehnsucht nach ihrer Schwester und war sehr dankbar, als die Eltern sie baten, bei ihnen in Amsterdam zu bleiben.

Innerhalb der nächsten sieben Jahre wurden noch vier Kinder geboren, aber eins blieb nicht am Leben. Nun mußte Vater seiner wachsenden Verpflichtungen wegen ein billigeres Haus suchen.

Als ich geboren wurde, wohnten wir an der Korte-Prinsegracht, in einem Hause, das sich ganz am Ende des Kanals befand, wo nur wenige vorbeikamen. Das Geschäft hatte seinen Tiefpunkt erreicht.

Ich war ein zu früh geborenes Kind mit einem bläulichen Runzelgesichtchen. Als Onkel Hendrik mich sah, schüttelte er den Kopf. »Ich hoffe, daß der Herr das arme kleine Wesen bald zu sich in den Himmel nehmen wird«, sagte er.

Zum Glück dachten meine Eltern nicht wie er. Sie umgaben mich mit viel Liebe und Fürsorge. Es gab damals keine Brutapparate, und eins der größten Probleme war, mich warm zu halten. Ich weinte so bitterlich vor Kälte, daß Tante Anna mich in ihre Schürze wickelte und gegen ihren Leib band. Da wurde ich warm und still.

Viele Jahre später war ich in Afrika bei einer Missionarsfamilie. Sie hatten ein Baby, das immerzu weinte, bis eine eingeborene Frau das Kind in einem Tuch auf ihren Rücken band. Das Baby wurde still; es fühlte sich bei jemand, der es lieb hatte, geborgen.

Ich spürte wohl dasselbe, als ich so behaglich in Tante Annas Schürze gewickelt war.

Während meines ersten Lebensjahres war ich ein armseliges, kränklich aussehendes Geschöpf. Mutter erzählte mir, daß sie einmal mit einer Freundin im Zug saß, die ein hübsches, molliges Baby auf dem Schoß hatte. Das Kind hieß Rika, und die Leute im Abteil sahen sie bewundernd an und machten freundliche Bemerkungen. Sie sahen auch mich im Arm meiner Mutter an und blickten dann weg, weil sie nichts Nettes zu sagen wußten.

Mutter erzählte mir, daß sie das zuerst etwas gestört hätte; aber dann hätte sie mich geliebkost und geflüstert: »Ich möchte dich für nichts in der Welt tauschen, du süßes, häßliches, kleines Baby mit den schönen Augen.«

Als Rika zwei Jahre alt war, bekam sie epileptische Anfälle. Ich spielte oft mit ihr als Kind, aber ich erinnere mich, daß ich bemerkte, wie ihr Gesicht sich veränderte, wenn sie einen Anfall bekam. Mutter war immer bereit, für Rika zu sorgen. Ihr ganzes Leben lang hat Mutter uns gelehrt, denen, die schwach oder nicht ganz normal waren, zu helfen und freundlich zu ihnen zu sein.

Haarlemer Erbteil

Großvater Willem starb, als ich sechs Monate alt war. Vater erbte sein Geschäft in Haarlem. Wir zogen in das Haus, das nicht sehr groß war. Die arme Mutter – sie hatte immer noch nicht ihren Garten! Sie stellte ein paar Blumentöpfe auf das flache Dach und nannte das ihren Garten. Sie hatte Geranien in Tontöpfen, hängende Fuchsien und etwas Efeu, der an der Mauer hochkletterte. Sie stellte einen Dachgarten her, lange bevor die Bewohner der modernen Häuser an so etwas dachten.

Auch in dem »neuen« Haus in Haarlem konnte sie nur ein kleines Stück vom geliebten Himmel sehen. Das Dach wurde ihr »Ausflugsort«, als sie zu schwach wurde, ihren täglichen Spaziergang zu machen.

In den ersten Ehejahren muß die finanzielle Lage oft sehr schwierig gewesen sein. Tante Anna arbeitete Tag und Nacht, um Mutter zu pflegen, wenn sie krank war, und für die vier Kinder zu sorgen. Sie verdiente die Riesensumme von einem Gulden (etwa 1,50 Mark damals) in der Woche. Vater gab ihr dieses großartige Gehalt jeden Samstag, aber oft stand es am darauf folgenden Mittwoch um die Finanzen so schlecht, daß Vater in die Küche ging und fragte: »Anna, hast du deinen Gulden noch?«

Immer hatte Tante Anna ihn noch, und oft wurde dafür an dem Tag das Essen für die Familie gekauft. Das war ganz gewiß »gesegnetes Geld«.

Dies war der Anfang meines reichen Erbes. Wenn ich an unser Familienleben denke, wird es mir klar, daß meine Eltern und die Tanten echte Lebenskünstler waren. Sie freuten sich des Lebens, und sie liebten Kinder!

»Wir haben nie so viel gelacht wie in der Zeit, als ihr Kinder klein wart«, sagte Tante Anna später oft.

Wir müssen in unsern Herzen etwas von diesem Lachen aufbewahrt haben, so daß es später wieder hervorkommen konnte, als man nicht viel Lachen in unserm armen, kleinen Lande hörte.

2. Fünf Jahre ist nicht zu jung

Im Jahre 1892, dem Jahr, als ich geboren wurde, traten die Niederlande in eine interessante und wichtige Epoche ein. Einige Jahre später sollte Wilhelmina als Königin gekrönt werden. Sie war damals erst 18 Jahre alt. Manches wies darauf hin, daß die Stabilität dieser letzten Jahre des 19. Jahrhunderts durch das Säbelrasseln der Deutschen schon bald ins Wanken kommen würde. Anfänge ausländischer Machtpolitik zeigten sich bereits, als der junge Kaiser Wilhelm II. das Land regierte, das später eine so große Rolle in meinem Leben spielen sollte.

Geschichte bedeutet einem Kinde nichts. Es war aber ein gewaltiges Ereignis, wenn es Mutter oder Tante Anna gelang, so viel Zucker und Butter aus einem Gulden zu holen, daß das herrliche Buttergebäck hergestellt werden konnte, das ich so gern mochte. Der Duft dieses Gebäcks drang wahrscheinlich bis in den Laden, und den Kunden lief dann wohl das Wasser im Munde zusammen, während wir in fröhliche Aufregung gerieten.

Als ich fünf Jahre alt war, lernte ich lesen; ich liebte besonders die Geschichten vom Herrn Jesus. Er gehörte für mein Gefühl zur Familie ten Boom – man konnte ebenso mit ihm reden wie mit den Eltern, den Tanten oder Geschwistern. Er war da.

Eines Tages beobachtete Mutter mich, als ich in meiner kindlichen Phantasiewelt tat, als ob ich eine Nachbarin besuchen wolle. Ich klopfte an eine Tür und wartete . . . es kam niemand.

»Corrie, ich kenne jemand, der an deiner Tür steht und in diesem Augenblick anklopft.«

Spielte sie mit mir? Jetzt weiß ich, daß mein Herz schon für diesen Augenblick zubereitet war; der Heilige Geist macht uns bereit, Jesus Christus anzunehmen und unser Leben ihm zu übergeben.

»Jesus hat gesagt, daß er vor der Türe steht und anklopft, und wenn du ihn darum bittest, wird er in dein Herz kommen«, sagte Mutter weiter. »Möchtest du Jesus nicht bitten, hereinzukommen?«

»Ja, Mama, ich möchte Jesus gern in meinem Herzen haben.«

Sie nahm meine Hand in ihre Hände, und wir beteten zusammen. Es war so einfach, und doch sagt Jesus Christus, daß wir alle wie Kin-

Betsie, Willem, Nollie und Corrie

der kommen sollen, gleichgültig, wie alt wir sind und welches gesellschaftliche oder geistige Niveau wir haben.

Als mir Mutter später von diesem Erlebnis erzählte, konnte ich mich deutlich daran erinnern.

Aber du bist noch so klein

Weiß ein fünfjähriges Kind wirklich, was es tut? Manche Leute sagen, daß ein Kind geistliche Dinge nicht verstehen kann – daß man warten soll, bis es »selbst entscheiden kann«. Aber ich bin sicher, daß ein Kind Hilfe braucht und geführt werden muß.

Von jenem Augenblick an wurde Jesus eine größere Realität für mich. Mutter erzählte mir später, daß ich, so jung ich war, für andere zu beten begann.

Die Straße hinter unserem Haus war die Smedestraat. Es gab dort viele Lokale, und manches von dem, was dort geschah, machte mir Angst. Wenn ich draußen spielte, Seil sprang oder mit Nollie, meiner

Schwester, knöchelte, sah ich oft, daß die Polizei die herumlungernden, betrunkenen Männer mitnahm.

Ich stand manchmal vor dem Polizeiamt hinter der Beje und sah, wie die betrunkenen Männer hineingeschoben wurden. Dann zitterte ich. Das Gebäude war aus dunkelrotem Backstein gebaut, und im Dachgeschoß waren Mansardenfenster mit kleinen Scheiben. Ob das wohl die Zellen waren?

Viele Jahre später wurden mein Vater, alle seine Kinder und ein Enkel in dasselbe Polizeiamt gebracht, weil wir Juden geholfen hatten, der Gestapo zu entkommen.

Als Kind hatte ich großes Mitleid mit den Verhafteten und lief dann schluchzend nach Hause: »Mutter . . . ich habe so Angst, daß man den armen Männern weh tut . . ., sie sind so unglücklich!«

Wie verständnisvoll war doch Mutter! »Bete für sie, Corrie!« sagte sie.

Und dann betete ich für die Betrunkenen. »Lieber Herr Jesus, bitte, hilf den Männern . . . und, Herr Jesus, hilf allen Menschen in der Smedestraat.«

Viele Jahre später sprach ich im Fernsehen in Holland. Daraufhin bekam ich einen Brief, in dem stand: »Es interessierte meinen Mann ganz besonders, als Sie erzählten, Sie hätten in Haarlem gewohnt. Er wohnte in der Smedestraat. Vor drei Jahren hat er den Herrn als seinen Heiland angenommen.«

Ich las den Brief und dachte an die Gebete der kleinen Corrie. Dieser Mann, dessen Frau mir schrieb, war einer von denen, für die ich vor 76 Jahren gebetet hatte.

Hört ER?

In späteren Jahren hatte ich einmal eine Freizeit mit Mädchen aus Haarlem. Eines Abends, als wir am Lagerfeuer saßen, sprachen wir von Jesus und unterhielten uns darüber, wie schön der vergangene Tag gewesen sei.

»Wissen Sie, daß ich eine Ihrer Nachbarinnen bin?« fragte mich eins der Mädchen. »Ich wohne in der Smedestraat.«

»Ich habe bis vor fünf Jahren dort gewohnt«, sagte ein anderes Mädchen.

»Meine Mutter hat dort gewohnt«, sagte wieder ein anderes.

Wir mußten lachen, als wir entdeckten, daß alle 18 Mädchen, die in dem großen Zelt schliefen, entweder selbst oder daß ihre Eltern dort gewohnt hatten. Sie hielten das für einen amüsanten Zufall.

»Hört mal zu!« sagte ich. »Ich erinnere mich jetzt an etwas, was ich fast vergessen hatte. Als ich fünf oder sechs Jahre alt war, betete ich jeden Tag für die Menschen in der Smedestraat. Daß wir nun von Jesus gesprochen haben und Gott mich sogar gebraucht hat, einige eurer Eltern zu erreichen, ist die Antwort auf ein Kindergebet. Zweifelt doch nie daran, daß Gott unsere Gebete hört, und wenn sie noch so ungewöhnlich sind.«

Wie oft denken wir, wenn ein Gebet nicht erhört wird, daß Gott »nein« gesagt hat. In vielen Fällen hat Er einfach »warte« gesagt.

Die Zukunft ist wichtig

Wenn wir sehr jung sind, ist die Zukunft so schwer zu begreifen. Mein Vater nannte in jedem Gebet ein und dasselbe zukünftige Ereignis. Das war mir rätselhaft. Ich wollte aber nicht danach fragen, wenn alle dabei waren. Deshalb wartete ich, bis Vater am Abend zu mir kam, um mich zuzudecken; nun konnte ich alles fragen.

»Vati, in jedem Gebet betest du: ›Laß den großen Tag bald kommen, wo Jesus Christus, Dein geliebter Sohn, auf den Wolken des Himmels wiederkommt.‹ Weshalb sehnst du dich nach diesem Tag?«

»Correman, weißt du noch, wie die betrunkenen Männer in der Smedestraat, die sich rauften, von der Polizei mitgenommen wurden? Die ganze Welt ist voller Streit. Vielleicht wirst du noch schlimmere Kämpfe in deinem Leben erleben als die, die du auf der Straße gesehen hast.«

Das hoffte ich nicht. Streitereien brachten mich ganz durcheinander.

»In der Bibel lesen wir, daß Jesus versprochen hat, auf diese Erde zu kommen, um alles neu zu machen«, fuhr Vater fort. »Die Welt ist jetzt von Haß erfüllt, aber wenn Jesus wiederkommt, wird die Erde von der Erkenntnis Gottes bedeckt sein wie der Meeresboden vom Wasser.«

Als ich mir diesen wunderbaren Tag vorstellte, verstand ich, wes-

Mary, das kleine Mädchen, das am Tage, nachdem sie den Herrn angenommen hatte, starb

halb Vater so oft darum betete. »Oh Papa, dann werden alle Menschen Jesus kennen! Wie froh werde ich sein, wenn Er kommt!«

Lasset die Kindlein zu mir kommen

Jahrzehnte später sprach ich in einer Versammlung und forderte die Eltern dazu auf, ihre Kinder zum Herrn Jesus zu führen. »Er hat gesagt: ›Laßt die Kinder und wehret ihnen nicht zu kommen; denn ihnen gehört das Himmelreich‹« (Matth. 19,14).

Dann erzählte ich, wie ich Jesus mit fünf Jahren angenommen hatte.

Nachdem ich gesprochen hatte, verließ ich das Podium und ging in ein Zimmerchen, wo ich einen Vater mit zwei kleinen Jungen auf den Knien sah. Der Vater hatte die Arme um die Schultern der Kinder gelegt. Ich zog mich leise zurück, während der Mann voller Liebe zu den Jungen sagte, daß sie nicht zu jung seien, um Jesus zu bitten, in ihr Herz zu kommen.

Später bekam ich einen Brief von einer Mutter, die mir erzählte, was jener Abend in ihrem Leben bewirkt hatte.

»Ich ging nach der Versammlung nach Hause und sofort zu meinem Töchterchen Mary. Sie lag im Bett. Sie wußte schon viel vom Herrn, denn sie ging in die Sonntagsschule. Aber an jenem Abend gab sie Jesus ihr Herz.

Am nächsten Morgen sagte sie: ›O Mutti, ich bin so froh, daß Jesus nun in meinem Herzen wohnt. Er hat mich zu einem Kind Gottes gemacht.‹ Sie sang fortwährend, ehe sie zur Schule ging, und ich wunderte mich, daß sie so viele Lieder über den Himmel sang.

Mein Mann wollte sie an jenem Tag von der Schule abholen, und als er sich dem Schulgebäude näherte, sah er dort viele Menschen stehen. Anscheinend war ein Unglück passiert. Dann sah er, was geschehen war.

Mary lag auf der Straße. Sie war tot.

Sie war von hinten um einen Lastwagen herumgegangen und hatte ein Auto, das aus entgegengesetzter Richtung kam, nicht bemerkt. Sie war sofort tot.

Mein Mann brachte sie nach Hause. Er war verzweifelt; aber dann dachte er an die Lieder, die Mary an jenem Morgen gesungen hatte. Ich erzählte ihm, was am vorigen Abend geschehen war. Da nahm mein Mann, der diese Entscheidung noch nicht getroffen hatte, den Herrn Jesus als seinen Heiland an.

Bei Marys Begräbnis kamen viele Kinder aus ihrer Klasse zum Glauben.«

Ich saß lange mit dem Brief in der Hand. Mir wurde klar, daß ich jetzt mit besonderem Nachdruck mit Eltern über die Freude sprechen mußte, ihre Kinder zum Herrn zu führen. Wie herrlich war es für Marys Eltern, zu wissen, daß ihr Töchterchen im Himmel war!

Während meiner Ansprachen habe ich oft dieses kleine Gedicht vorgetragen:

SICHER?

Seinen Vater fragt' ein Bübchen,
zögernd, denn es war noch klein:
»Darf ich mein Herz Jesu geben?
Macht Er es dann völlig rein?«

»O mein Sohn, wart' noch ein Weilchen,
denn du bist so klein ja doch.
Große haben Ihn wohl nötig;
Kleine sind geborgen noch.«

Als dann ein Gewitter nahte,
sagt' der Vater zu dem Kind:
»Bist du sicher, daß die Schafe
in dem Stall geborgen sind?«

»Alle großen, ja, mein Vater!
Doch die Lämmer ließ ich frei,
denn ich dacht', es könnt' nicht schaden,
weil ein Kleines sicher sei.«

(Aus dem Englischen)

Beten für den verrückten Thijs

Als Kind betete ich für einen Mann, dem die meisten Leute aus dem Wege gingen. Man nannte ihn den »verrückten Thijs«. Er war ein Stadtstreicher und schwachsinnig. Ich hatte Mitleid mit ihm, und als ich fünf oder sechs war, fing ich an, mit dem Herrn darüber zu reden.

War es meine Mutter oder eine der Tanten, die mir den Rat gaben, meine Lasten im Gebet auf den Herrn zu werfen? Oder lehrte der Herr selbst es mich?

Jedes Abend- und Morgengebet schloß mit der Bitte: »Und, Herr, sei mit allen Menschen in der Smedestraat und auch mit Thijs.«

Meine Schwester Nollie war nur anderthalb Jahre älter als ich, aber

Corrie und Nollie

sie kam mir so viel vernünftiger vor. Ich erinnere mich, daß ich eines Tages mit ihr durch die Smedestraat ging. Wir sahen eine ganze Menge Kinder, die um jemand herum standen, den sie ärgerten und auslachten. Als wir näher herangingen, um besser zu sehen, obwohl wir auch ein wenig Angst hatten, uns in etwas zu mischen, das uns so gemein vorkam, bemerkten wir, daß der arme Thijs mitten im Kreise stand. Er sah ganz verwirrt aus.

Ich war so voller Mitleid mit Thijs und so wütend auf die grausamen Kinder, daß ich rief: »Laßt ihn in Ruhe, hört ihr!«

Bei diesen kühnen Worten hörten die Kinder tatsächlich auf. Thijs sah sich nach seinem Verteidiger um und erblickte ein kleines Mädchen, kaum halb so groß wie er. Plötzlich kam er auf mich zu und bückte sich. Ich konnte den unangenehmen Geruch seiner ungewaschenen Kleider und seines zottigen Bartes riechen. Er legte seine Hand unter mein Kinn und küßte mich auf beide Wangen.

Nollie war entsetzt! Sie ergriff meine Hand und rannte mit mir nach Hause, so schnell wir nur konnten, durch die Smedestraat, durch die Gasse neben unserm Haus und in die Seitentür hinein.

»Schnell, Tante oder sonst jemand . . .! Der dreckige, alte Thijs hat Corrie geküßt. Ihr Gesicht muß gewaschen werden!«

Mein Gesicht wurde so gründlich geschrubbt, daß ich fürchtete, die Haut würde heruntergehen. Ich hörte jemand sagen: »Solche gefährlichen Strolche sollten nicht frei umherlaufen dürfen.«

Peinlich getroffen sowohl von dem Vorwurf als von dem Schrubben meines Gesichtes ging ich zu meiner Mutter. »Mama, warum war es so schlecht, daß Thijs mich geküßt hat? Er ist ein so armer, unglücklicher Mann. Alle verspotten ihn.«

Mutter nahm mich zu sich ins Bett und sprach mit mir, während ich mich gegen ihre Schulter kuschelte. Sie sagte: »Correman, es ist recht, daß du Mitleid mit diesem Manne hast. Der Herr Jesus gibt dir die Liebe für Thijs und für die betrunkenen Männer in der Smedestraat. Jesus liebt die Sünder. Aber ehe sie ihn lieben, können diese Männer sehr schlecht sein. Es ist besser, ihnen nicht zu nahe zu kommen. Aber es gibt etwas Großes, das du und ich tun können – und du tust es ja schon; treu für sie beten.« Nicht lange nach diesem Ereignis verschwand Thijs aus den Straßen Haarlems. Ich weiß nicht, wie der Herr in seinem Leben wirkte, aber ein tiefes Mitleid mit Schwachsinnigen wuchs in mir.

Fürchte kein Übel . . . aber

Ein Kind lebt nicht ohne Angst, wenn Eltern das auch manchmal denken. Oft ist es ein Bündel unausgesprochener Ängste und unbekannter, düsterer Schrecknisse. Ich fürchtete mich vor dem Sprechzimmer des Arztes, vor dem Geheimnis des Todes und davor, daß meine Familie mich allein lassen würde.

Nollies Nachthemd war für mich das Verbindungsglied mit der Sicherheit. Wir schliefen in einem Bett, und ich erinnere mich, daß ich Nollies Nachthemd festhielt, solange sie es mir erlaubte. Arme Nollie! Wenn sie sich umdrehen wollte, lag sie fest verankert durch meine kleine Hand, die nicht losließ.

Eines Tages nahm Mutter Nollie und mich zu einer Frau mit, deren Baby gestorben war. Ich wünschte mir, Nollie hätte ihr Nachthemd anziehen dürfen; denn ich hatte es so bitter nötig, mich daran festzuklammern.

Wir gingen eine schmale Treppe hoch und betraten das ärmlich eingerichtete Zimmer von einer von Mutters »lahmen Enten«. Diesen Namen hatten wir Kinder ihren Schützlingen gegeben. Obwohl wir oft nicht genug Geld für uns selbst hatten, fand Mutter immer jemand, der in noch größerer Not war.

In diesem armseligen Zimmer stand eine Wiege mit einem Baby. Es bewegte sich gar nicht und sah ganz blaß aus. Nollie stand neben der Wiege und berührte das Gesichtchen des Säuglings.

»Fühl mal«, sagte sie zu mir. »Es ist ganz kalt.«

Ich rührte das Händchen an, lief dann schnell zur Mutter und verbarg mein Gesicht in ihrem Schoß. Zum ersten Mal hatte ich den Tod angerührt, und mir war, als ob mich das Gefühl von Kälte stundenlang nicht verließe.

Als wir wieder zu Hause waren, rannte ich die schmale Treppe hinauf in mein Schlafzimmer und lehnte mich an die alte Kommode. Es war eine ungeheure Angst in meinem Herzen – fast eine Panik. In Gedanken sah ich mich ganz allein und von meiner Familie verlassen. Die Familie war meine Sicherheit, aber an jenem Tage sah ich den Tod und wußte, daß Angehörige auch sterben könnten. Darüber hatte ich noch nie nachgedacht.

Der Gong zum Essen erklang, und ich war so dankbar, daß ich mich an den großen ovalen Tisch setzen konnte, wieder warm wurde und die Geborgenheit der mich umgebenden Familie fühlte. Ich dachte daran, für wie dumm die Erwachsenen mich halten würden, wenn ich ihnen von der Angst erzählen würde, die noch in meinem Herzen war.

Ich aß an dem Abend, ohne ein Wort zu sagen. Das ist nicht so einfach, wenn man inmitten einer so lebhaften Familie sitzt. Während der Mahlzeiten wurde immer viel geredet.

Nach dem Essen nahm Vater die Bibel wie immer und las den 46. Psalm vom dritten Vers an: »Darum fürchten wir uns nicht, wenngleich die Welt unterginge und die Berge mitten ins Meer sänken.«

Mit einem Ruck richtete ich mich auf meinem Stuhl auf und starrte Vater an. Ich wußte nicht viel von Bergen, wohnte ich doch in dem völlig flachen Holland. Aber von Furcht wußte ich sehr viel. Ich dachte, Vater müßte genau gewußt haben, was mein Problem an jenem Abend war.

Mein Glaube an Vater und an die Worte, die er aus der Bibel vorlas, waren unverrückbar. Wenn da gesagt wurde, daß wir uns nicht fürchten sollten, dann würde Gott für alles sorgen. Ich fühlte mich wieder geborgen.

3. Kleine Anfänge

Meine Puppe Casperina und ich wollten ein Fest feiern! Mutter und Tante Anna waren in der Küche, und ich sah, wie sich ihre langen Röcke um mich her bewegten, während ich auf dem Fußbänkchen unter dem Tisch saß. Das war ein herrlicher Platz zum Spielen, sicher und geborgen unter der schwarz-roten Tischdecke.

Meine Puppe hieß nach meinem Vater, aber damit hörte die Ähnlichkeit auf. Ich liebte sie sehr, aber weil sie immer wieder die Treppe der Beje hinauf- und hinabgeschleppt wurde, fehlten ihr ein paar Finger, und ihr Kopf war ramponiert. Oh, weshalb konnte sie nicht aussehen wie Nollies Puppe, die tadellos sauber angezogen war und keinen Kratzer auf ihrem Porzellangesicht hatte? Arme Casperina, sie würde auch nie in derselben Gesellschaft mit Emma, Betsies Puppe, verkehren. Emma hatte den Namen der Königin-Mutter.

»Schadet nichts, Casperina«, flüsterte ich im Schutze unseres kleinen Hauses unter dem Tisch, »Jesus liebt dich, und ich liebe dich auch.«

Wenn ich mich besonders glücklich fühlte, sang ich ein Lied, das Tante Jans gemacht hatte:

»Oh, wie gerne möcht' ich kommen,
Heiland, in dein Vaterhaus.«

Aber statt »kommen« sang ich »gucken«, und dabei blickte ich schelmisch hinter dem Tischbein hervor.

Tante Anna lachte mich aus. »Corrie, laß nur Tante Jans nicht hören, wie du ihr Lied veränderst! Wenn sie schreibt: ›Wie gerne möcht ich kommen‹, dann meint sie das auch.«

Manches verstehen die Erwachsenen gar nicht, dachte ich. Ich meinte, daß ich mich so gerne mal im Himmel umsehen wollte, wo ich doch wußte, daß ich meine Zukunft dort verbringen würde. Ich wollte nur mal schnell gucken: Schließlich war mein Vaterhaus hier in der Barteljorisstraat alles, was ich mir jetzt an Himmel wünschte.

Ich nahm Casperinas Hand mit den drei Fingern in meine Hand und flüsterte: »Wir bleiben still an unserm geheimen Platz, wo uns nie – nie jemand schelten kann.«

Die Zeit, losgelöst zu werden

Es kommt eine Zeit, wo alle Kinder ihr Vaterhaus auf ein Weilchen verlassen müssen; auch ein kleines holländisches Mädchen, das mit zusammengebissenen Zähnen die schwarzbestrumpften Beinchen stocksteif auf die Treppe stemmt. Als ich geboren wurde, standen meine Füße ein wenig nach innen. Der Arzt sagte, daß sich dies von selbst beim Wachsen ändern werde.

»Machen Sie sich keine Sorgen!« sagte er zu meinen Eltern. »Wenn sie sechzehn ist, wird sie eitel genug sein, ihre Füße richtig hinzusetzen.«

Aber als ich meine Füße noch verkehrter hinsetzte und mich mit weißen Knöcheln an das Treppengeländer klammerte, war es mir ernst.

»Ich gehe nicht zur Schule. Ich kann lesen; Papa kann mich rechnen lehren, und Casperina braucht mich zu Hause.«

So. *Die* Sache war geklärt.

»Natürlich gehst du nicht allein zur Schule, Corrie. Ich gehe mit dir.« Vater beugte sich über mich, sein Bart kitzelte meinen Kopf und er löste meine Finger, einen nach dem andern, vom Geländer. Jedesmal, wenn ein Finger frei war, brüllte ich ein bißchen lauter. Als Vater dann endlich meine Hand in der seinen hatte, schleppte er mich fast die Straße entlang bis zur Schule. Ich dachte, meine Hand würde brechen – wie die Casperinas –, dann könnte ich ja unmöglich in die Schule gehen.

Es muß Vater mit seinem tadellosen Anzug und aufrechten Gang viel gekostet haben, sich an den Häusern und Geschäften seiner Freunde vorbei mit einem Kinde abzumühen, das mit rotem Kopf seine Einwände gegen die ganze Welt verkündete.

Ich wußte, daß Vater nicht böse war, aber sein Wille war Gesetz. Ich mußte gehorchen.

Als wir an der Schule ankamen, sah ich einen kleinen Jungen, der auf dem Arm seines Vaters in Herrn Robijns' Klassenzimmer getragen wurde. (Ich lief wenigstens!) Er brüllte noch lauter als ich. Dabei sah er so häßlich aus, daß ich Mitleid mit ihm hatte. Aber ich selbst? Ich wurde mir bewußt, wie ich andern vorkommen mußte, und war sofort still.

Vater ließ meine Hand los; meine Finger waren nicht gebrochen – nur mein Herz schmerzte ein wenig. Als er mich aber liebevoll küßte, wobei ich den vertrauten Duft von Zigarren und Kölnisch Wasser roch, versicherte er mir, daß er nach den Schulstunden zu Hause auf mich warten würde, und ich wußte, daß ich die Geborgenheit, die ich brauchte, im Schutz seiner Arme finden würde.

Gott lehrte mich eine einfache Lektion in meinem Kinderleben, denn 67 Jahre später erinnerte Er mich an meine verkrampften Finger am Treppengeländer.

Ich war in einem Zimmer in »Zonneduin«, dem Haus in Holland, das einige Freunde und ich zuerst für ehemalige Gefangene aus Konzentrationslagern und später für jeden, der Pflege und Ruhe brauchte, eingerichtet hatten. Ich war soviel gereist und war müde – müde der fremden Betten und ständig anderen Essens. Ich hatte es satt, mich fürs Frühstück anziehen zu müssen – hatte es satt, immer neue Menschen zu sehen und Neues zu erleben. Ich hatte dieses schöne Haus mit den großen Zimmern gern und beschloß, das bequeme Leben in Holland zu genießen, obwohl ich wußte, daß Gott meinen Entschluß nicht guthieß.

Die meisten Möbel im Hause gehörten mir, aber ein Zimmer erinnerte mich ganz besonders an unser schönes Familienleben von früher. In diesem Zimmer befanden sich meine Schätze: Bilder meiner Lieben, Erinnerungen an frühere Jahre. Jedes Bild war wie das Treppengeländer. Meine Hände nahmen die Vergangenheit und versuchten sich daran festzuhalten. Aber die Hände meines himmlischen Vaters waren stärker.

Ich verließ das Haus für einige Zeit, weil ich an verschiedenen Orten Vorträge halten mußte, und wollte dann in mein altes Zimmer zurückkehren und für immer dort bleiben. Als ich aber einige Wochen später nach »Zonneduin« zurückkam, waren meine Bilder verschwunden und die Sachen eines fremden Menschen lagen auf meinem Bett.

Meine Freunde wußten nicht, daß ich beschlossen hatte, in dieses Zimmer zurückzukommen. Mein unregelmäßiges Leben, das unerwartete Kommen und Gehen waren eine Belastung für jene, die die große Familie von Patienten und Personal zu versorgen hatten.

Aber ich hatte beschlossen zu bleiben, und damit basta!

Mein himmlischer Vater sagte zu mir: »Corrie, gehorche mir! Ich werde deine Hand festhalten. Es ist mein Wille, daß du dein Zimmer verläßt. Später wirst du mir für diese Erfahrung danken. Jetzt erkennst du es nicht, aber dies ist eine meiner großen Segnungen für dich.«

Die Hand des Vaters war fest, aber ich kannte Seine Liebe.

Ich packte meinen Koffer wieder und reiste nach den Vereinigten Staaten. Wie sehr hat der Herr meinen Aufenthalt dort gesegnet! Die Versammlungen wurden immer größer, und als ich erlebte, wie Menschen aus der Finsternis ins Licht, aus der Gebundenheit in die Freiheit kamen, fing ich an, Seinen Plan zu erkennen. Ich konnte meinen Vater loben, daß Seine Hände stärker waren als meine.

Blaue Steine können weh tun!

Es zeigte sich, daß das Leben in der Schule nicht so schrecklich war, wie ich gedacht hatte. Ich kann mich noch an das Triumphgefühl erinnern, wenn ich eine Rechenaufgabe gelöst hatte und die Endsumme richtig war. Aber meine Gedanken waren nicht immer so bedacht auf Einzelheiten. Ich träumte oft in den Tag hinein und phantasierte von einer Welt, wo jeder eine neue, teure Uhr brauchte und man jeden Tag eine Wanderung in die Dünen machen konnte, wärmenden Sonnenschein im Gesicht.

Der Direktor unserer Schule war sehr streng, und er bestand auf unbedingtem Gehorsam. Er hatte alle Kinder gewarnt, nicht auf den »blauen Stein« zu treten. Dies war ein kleiner, viereckiger Stein, der etwas höher lag als die andern Steine im Hof. Ich hörte nicht auf seine Worte und trat auf den Stein. Gleich darauf schmerzte mein ganzes Gesicht von einer kräftigen Ohrfeige. Nach all den Jahren fühle ich noch die Schande; denn ich glaube nicht, daß mich zu Hause jemals einer ins Gesicht geschlagen hatte. Ein Farbfoto prägte sich meinem Gedächtnis ein, das nie wieder verblaßte. Tränen strömten mir übers Gesicht, aber ich konnte das Mädchen, das vor mir stand, sehen. Es trug ein rotes Kleid und eine weiße Schürze. Im Gartenzaun war ein grünes Tor, und alle diese Farben vermischten sich mit den funkelnden Augen des Direktors.

Ich konnte es kaum erwarten, bis es Zeit war, nach Hause zu gehen. Mein Geschrei übertönte die Klingel, die die Kunden im Geschäft ankündigte.

Mutter nahm mich auf den Schoß und tröstete mich; und als ich mich beruhigt hatte, hielt Vater mich in den Armen, wie er es tat, als ich ein Baby war. Ich spüre noch das Gefühl von Geborgenheit, als ich meinen Kopf an seine Schulter legte. Welch ein Glück, einen Zufluchtsort zu haben, wenn das Leben wirklich schwer ist!

45 Jahre waren vergangen seit dem Erlebnis mit dem blauen Stein. Die Gestapo hatte mich verhaftet, und ich wurde gefragt, wo das Zimmer sei, in dem ich vier Juden und zwei Untergrundarbeiter versteckt hatte. Ich wußte, daß es Gefangenschaft und wahrscheinlich den Tod für die sechs Menschen, die dort waren, bedeuten würde, wenn ich es sagte. Deshalb sagte ich es nicht. Der Fragesteller schlug mich ins Gesicht, und im selben Augenblick sah ich wieder den Schulhof, den ärgerlichen Direktor und die tröstende Hilfe der Eltern.

»Herr Jesus, schütze mich!« rief ich aus.

»Wenn Sie den Namen nennen, ermorde ich Sie!« schrie der Mann. Aber seine Hand blieb in der Luft hängen, und er konnte mich nicht wieder schlagen.

Welch ein Glück, einen Zufluchtsort zu haben, wenn das Leben wirklich schwer ist!

In dem Vaterhaus

Unser Haus war nicht groß, aber es hatte weit offene Türen. Ich glaube nicht, daß viele von den Gästen, die in die Beje kamen, eine Ahnung davon hatten, wie schwer es für meine Eltern war, mit den Einkünften aus dem Geschäft auszukommen. Mutter sagte immer: »Wir müssen jeden Groschen zweimal umdrehen, ehe wir ihn ausgeben.«

Wir hatten übrigens nie das Gefühl, daß wir arm seien, und wir waren es auch nicht. Die Worte »Das können wir uns nicht leisten« kamen in unserem Denken nicht vor, weil wir schon als Kinder wußten, wie es um unsere Finanzen stand, und nicht um etwas baten, von dem wir wußten, daß es unmöglich zu beschaffen war.

Viele Einsame fühlten sich wohl bei uns, wo es Musik, Humor und interessante Gespräche gab und immer Platz für einen mehr um den ovalen Eßtisch. O ja, die Suppe mochte ein wenig wässerig geworden sein, wenn zu viele unerwartete Gäste kamen, aber das machte uns nichts aus.

Mutter hatte gerne Gäste. Ihre blauen Augen leuchteten, und sie strich ihr dunkles Haar glatt, wenn sie wußte, daß wir noch einen Gast zwischen uns quetschen würden, obwohl der Tisch schon sehr besetzt war mit vier Kindern, drei Tanten und den Eltern. Mit Schwung stellte sie dann eine kleine Büchse auf den Tisch und sagte, indem sie ihre Arme weit ausbreitete, zu dem Besucher: »Sie sind willkommen in unserm Hause, und weil wir dankbar sind, daß Sie gekommen sind, wollen wir einen Pfennig in die Segenbüchse für unsere Missionare tun.«

Jahre später, als ich auf meinen Reisen um die Welt von der Gastfreundschaft anderer abhängig war, habe ich bestimmt den Lohn für diese offenen Türen und Herzen bei uns zu Hause bekommen. Schon hier auf Erden habe ich »ein Haus mit vielen Wohnungen« genießen dürfen.

Oft denke ich an das Wort: »Laß dein Brot über das Wasser fahren; denn du wirst es finden nach langer Zeit« (Pred. 11,1).

Corrie, steh still!

Obwohl das Geld knapp war, dachten die Leute, wir seien reich. Jedes Familienmitglied kleidete sich sauber und gut – das heißt, fast jedes. Mutter nähte beinahe alle unsere Kleider selbst, bis es ihr zu viel wurde und Fräulein Anna van der Weyden, die Näherin, kam.

Kleider bedeuteten für mich nichts weiter als etwas, das mich bedeckte und mich warm hielt. Das endlose Anprobieren und die unvermeidlichen Stiche zahlloser Stecknadeln waren eine Qual für mich.

»Corrie, mein Liebes, komm her!« rief Mutter in dem Ton, der bedeutete, daß mir wieder eine qualvolle Anprobe bevorstand.

»Wenn ich dieses Pensum nicht fertig habe, Mama, stellt Herr Robijns mich in die Ecke.«

»Corrie!«

Es half alles nichts. Ich wußte, daß ich, wenn ich mir nicht ein von Mutter geschneidertes Kleid anprobieren ließ, ich wahrscheinlich das nächste Mal Fräulein van der Weyden zugewiesen werden würde. Und ihre Kleider paßten nicht so gut wie Mutters. Die ganze Sache war so langweilig, und es war sowieso unmöglich, daß ich so aussehen würde wie Nollie oder Betsie. Ich wollte einfach »ich« sein. Aber ich war eine ten Boom und durfte dem Familiennamen keine Schande machen!

Mutter hatte ein wunderbares Gefühl für Humor, und da sie vor ihrer Ehe als Kindergärtnerin gearbeitet hatte, kamen uns ihre praktischen Kenntnisse der Kinderpsychologie zugute. Sie wußte, daß es mein Selbstgefühl nicht steigern würde, wenn sie mein Aussehen lobte. Aber wenn sie sagte: »Correman, du bist eine so gute Schülerin . . . Ich bin sicher, daß Herr Robijns dich oft in der Klasse aufruft. Und du willst doch nett aussehen, wenn du zum Antworten aufstehst, nicht wahr?«, dann schlug sie den richtigen Ton an, denn ich lernte gern und ließ mich in der Schule gern loben.

Ich stand still für Mutter, aber nur kurze Zeit. Es gab so viel zu tun, so viel zu lernen, so viel im Leben zu verwirklichen. Irgendwie hatte ich das Gefühl, in jeden kostbaren Tag alles hineinpacken zu müssen, was Leben und Liebe nur bieten konnten.

4. Jedes Alter braucht Liebe

Kinder haben die Weisheit ihrer Eltern nötig; Alternde brauchen den ermutigenden Überschwang eines Kindes.

Weisheit und Überschwang lebten Seite an Seite in der Beje, dem Haus mit den verschiedenen Persönlichkeiten von Alten und Jungen.

Tante Bep (allein in der Masse)

Erzieherinnen waren in den Häusern der Reichen sehr einsam. Sie gehörten nicht in die Küche zu den Dienstboten, die dachten, daß die Erzieherinnen Vorrechte genossen, die sie nicht besaßen. Sie gehörten auch nicht in den Salon zu den Herrschaften. Daher wurden sie oft bitter, weil sie nirgends in die Gesellschaft paßten. Tante Bep war Erzieherin. Sie zog von einer Familie zur andern und wurde jedes Jahr unglücklicher.

Sie war die älteste von Mutters Schwestern und – das ist mir jetzt klar geworden – eine der Ursachen dafür, daß Mutter die Kunst des Vermittelns so gut verstand. Mutter mußte fast immer dafür sorgen, daß in unserer Familie, in der es so viele Tanten gab, die alle ihre eigenen Ansichten über Erziehung und Disziplin hatten, alles glatt lief. Sie wußte, wie sie das Schiff zwischen den Klippen hindurchzusteuern hatte.

Als Tante Bep zu schwach wurde, um noch als Erzieherin arbeiten zu können, nahmen die Eltern sie zu sich. Sie hatte genauso große schöne Augen wie Mutter, aber sie war sehr unglücklich. Über alles fing sie Streit an. Da war z. B. das Problem mit dem Kaffee. Sie sagte zu Tante Anna: »Ich bin die einzige in diesem Hause, die richtig Kaffee kochen kann.« Wenn es nun etwas gab, was in unserm Hause wichtig war, so war es eine gute Tasse Kaffee. Dann nahm Tante Anna ihre Schürze von ihrer umfangreichen Taille, räusperte sich nachdrücklich und sagte: »Bep, wenn du meinst, dein Kaffee wäre so gut, dann kannst du ja von jetzt an die ganze Kocherei übernehmen.«

»Anna«, sagte dann Mutter mit ihrem milden Lächeln und ihrer sanften Überredungsgabe, »wir könnten doch gar nicht existieren ohne dein herrliches Kochen – und Bep, ich weiß, daß dein Kaffee auch wunderbar ist. Vielleicht möchtest du ihn dienstags und donnerstags auf deine Weise bereiten?«

Das Haus war so klein, daß es unmöglich war, Tante Bep aus dem Wege zu gehen. Aber ich versuchte es immer wieder; denn ich wollte nicht mit den Wallerskindern verglichen werden. Ihre letzte Stelle, ehe sie zu uns kam, hatte sie bei der Familie Waller gehabt, und ich hatte den Eindruck, als seien das Engel gewesen, die ihren Heiligenschein jeden Tag glänzend poliert hatten! Die Wallerskinder sahen immer tadellos aus. Die Wallerskinder rannten niemals durchs Haus. Ich hatte nie Lust, Tante Bep etwas zu erzählen, weil ich dann vielleicht hören mußte: »Die Wallerskinder würden so etwas nie sagen.«

Mutter beruhigte meine beleidigten Gefühle, indem sie sagte: »Als Tante Bep noch für die Wallerskinder sorgen mußte, hat sie sich über sie beschwert. Hab' Tante Bep lieb, so wie sie ist, Correman, und vergiß nicht, daß sie ein sehr einsames Leben gehabt hat.«

Tante Jans (Damit basta!)

»Corrie, mach die Tür zu . . . ich habe kalte Füße und ich werde noch krank von dem Durchzug im Hause.«

Tante Jans war immer besorgt um ihre Gesundheit und ließ uns nicht darüber im unklaren, was sie wünschte. Sie mußte Diät einhalten, bekam also immer anderes Essen als die übrige Familie; als Kind dachte ich manchmal, es wäre gewiß interessant, krank zu sein und mein eigenes Tablett mit Essen und besondere Aufmerksamkeit zu bekommen.

Ihre Zimmer waren auch anders. Meine Eltern hatten ihr mehr Raum gegeben als der übrigen Familie, denn Tante Jans hatte viele Möbel in den Zimmern, die sie oben bewohnte.

Ihr Mann war ein bekannter Pfarrer in Rotterdam gewesen, und sie hatte treu an seiner Seite in der Gemeinde gearbeitet. Sie hatten keine Kinder, und als er starb, war das sehr hart für sie. Sie war damals noch nicht vierzig. Nach seinem Heimgang war es klar, daß sie in unser Haus kam.

Tante Jans war keine Frau, die unter ihrem Schmerz zusammenbrach, und sobald sie sich an ihre neue Umgebung gewöhnt hatte, begann sie sich mit den vielen Dingen zu beschäftigen, die ihr Teil zu unserm lebhaften Haushalt beitrugen.

Sie war Dichterin, Schriftstellerin und eine außerordentlich gute Rednerin. Sie gründete ein Monatsblatt für Mädchen, schrieb Bücher mit biblischer Botschaft und rief Klubs für junge Frauen und sogar einen Klub für Soldaten ins Leben.

Eines Tages stürzte Tante Jans ins Haus, zog sich den Schal vom Hals und erklärte: »In den Straßen Haarlems laufen Soldaten herum, die nichts zu tun haben und nur auf dumme Gedanken kommen. Ich werde einen Soldatenklub gründen!«

Damit basta! Das stand fest. Wenn Tante Jans etwas ankündigte, wurden die Räder in Bewegung gesetzt. Ehe wir's uns versahen, glich unser Haus einer Militäranstalt. Sie kamen allein oder zu zweit, junge Männer, die es nicht liebten, immer auf der Straße zu sein und die sich nach der Wärme eines Zuhause sehnten. Ein Unteroffizier, den sie in der Straßenbahn kennenlernte, war ein guter Musiker. Als er das Harmonium sah, das in Tante Jans' Zimmer stand, setzte er sich hin und fing an zu spielen, so daß bei jedem Crescendo die dünnen Wände des Hauses erbebten.

Tante Jans faltete die Hände und hörte dem begabten Soldaten aufmerksam zu. Sie beschloß, daß er Nollie und mir Musikstunden geben sollte.

Auch wenn wir Musik nicht geliebt hätten, würden wir Harmoniumspielen gelernt haben, weil Tante Jans es befahl. Schon bald konnte ich gut genug Lieder spielen, um an den Versammlungen teilzunehmen und das Singen zu begleiten. Ich lernte dadurch schon in jungen Jahren, in Gegenwart von Männern nicht verlegen zu sein – wenn ich auch kaum glaube, daß dies Tante Jans' Absicht gewesen war.

Manche Menschen haben die Gabe, Geld zu sammeln, indem sie andere von der Wichtigkeit eines Plans überzeugen, und das war eine der speziellen Gaben von Tante Jans. An einem Nachmittag gab sie einen Empfang und lud einige reiche Damen, die sie kannte, dazu ein. Wir machten uns an die Arbeit, putzten ihr silbernes Teegeschirr, bis es glänzte, und sorgten dafür, daß alles tadellos aussah.

Ich guckte aus dem Fenster und sah die Damen kommen. Ihre langen Kleider mit den weiten Unterröcken rauschten, als sie ins Haus traten. Wie war es möglich, daß sie mit all den Röcken laufen und dazu noch die schmale Treppe hochsteigen konnten? Es war für mich schon schwer genug, die Füße richtig hinzusetzen! Ich dachte, es müßte doch eine Last sein, reich zu sein und solche vornehmen Kleider tragen zu müssen.

Anscheinend überzeugte Tante Jans; denn binnen kurzer Zeit hatte sie genug Geld, um ein Militärheim zu bauen. Als es fertig war und viele Soldaten es besuchten, ging sie zweimal wöchentlich hin und hielt Bibelstunden.

Tante Jans ging nicht mit der Zeit, sie blieb bei ihrem eigenen Tempo. Ihre ausgeprägten Ansichten über Benehmen, Kleidung und Theologie verursachten dauernd Reibungen an der Oberfläche unserer Familienbeziehungen.

Als ich ein Kind war, dachte ich, daß Tante Jans sehr reich sein müsse, weil sie Pfarrerswitwe war und regelmäßig eine kleine Rente bekam. Manchmal erhielt sie ein unerwartetes Geschenk, und dann teilten wir alle ihre Freude. Wenn sie aber Kleider für uns kaufte, war das manchmal peinlich – besonders für Nollie und Betsie, die ihren eigenen ausgeprägten Geschmack hatten.

»Ach, du liebe Zeit!« sagte Betsie dann und drehte sich im Kreise, damit wir das langweilige graue Kleid sehen konnten, das Tante Jans ihr geschenkt hatte. »Meint ihr, sie wird es mir übelnehmen, wenn ich eine Spitze um den Halsausschnitt lege – oder vielleicht einen rosafarbenen Gürtel dazu trage?«

»Betsie, wenn du meinst, das Kleid wäre schlimm, dann guck dir diesen Hut mal an«, stöhnte Nollie und setzte eine Kappe umgekehrt auf den Kopf, so daß wir alle kicherten. Tante Jans' Geschmack, was Hüte betrifft, lag irgendwo zwischen dem eines Dienstmädchens und dem einer Urgroßmutter. Nollie war sehr modebewußt, und wenn sie unmögliche Kleider bekam, forderten diese ihre Erfindungsgabe heraus.

Mir war es gleichgültig, wie ich aussah. Ich nahm alles an, was sie mir gab, und daher hatte ich die meisten Hüte und Kleider.

Während des Ersten Weltkriegs hörten Tante Jans' Einnahmen größtenteils auf; diese waren abhängig von den Gaben von Leuten, die es jetzt selber finanziell schwer hatten. Ich erinnere mich, daß sie unerwartet ein Geschenk von 50 Gulden (damals etwa 85 Mark) bekam. Schnell nahm sie Tasche und Schirm und machte Einkäufe. Als sie zurückkam, dachten wir, es müßte wohl etwas Außergewöhnliches geschehen sein; denn sie hatte vergessen, ihren Mantel bis an den Hals zu schließen. Tante Jans mit gerötetem Gesicht und lose hängendem Schal war etwas genauso Ungewöhnliches wie die Königin in der Straßenbahn.

»Kommt alle mal her, ich muß euch etwas zeigen!« Wir folgten ihr in ihr Zimmer. Sie legte ihre Päckchen auf das Sofa und begann sie mit mühsam unterdrückter Erregung aufzuteilen. Da war eine warme Decke für Mutter; ein Mantel, schwarz und formlos, aber praktisch, für mich; eine Bluse für Tante Anna und Plätzchen für die ganze Familie. Süßigkeiten gab es selten bei uns, und dann nur an Geburtstagen und bei sehr festlichen Anlässen.

Später erfuhr ich, daß sie mehr als siebzig Gulden für uns ausgegeben hatte. Ich glaube, daß sie einer der reichsten Menschen war, die ich je gekannt habe, denn sie verstand die Kunst zu schenken.

Tante Anna (beschirmende Schürze)

Tante Anna hatte eine gedrungene Gestalt. Sie war praktisch und unsentimental. Sie war unsere stellvertretende Mutter, wenn diese zu krank war, um für uns zu sorgen. Sie regierte über ihre kleine Küche im Kellergeschoß wie einer von Tante Jans' Unteroffizieren über seine Gruppe. Sie war tüchtig und arbeitete immerzu, aber sie war auch voller Liebe für Mutter, Vater und alle Kinder.

Als ich noch klein war, war ich oft bei ihr in der Küche und leckte die Schüssel von irgend etwas, das sie zubereitet hatte, aus. Ich beobachtete die Beine der Leute, die am Küchenfenster vorübergingen; denn nur die konnte man von hier unten sehen. Ich fing an, nachzudenken über all die Menschen in der riesengroßen Welt außerhalb unseres Hauses.

»Tante Anna, wo kommen die kleinen Kinder her?« fragte ich.

Sie rührte ein wenig in dem »alle-hap-hetzelfde« (jeder Bissen gleich) und antwortete bedachtsam: »Corrie, wenn ein Baby zu klein und zu schwach ist, um in der kalten Welt zu leben, gibt es ein Plätzchen unter dem Herzen einer Mutter, wo es schön warm ist und wo es wachsen kann, bis es stark genug ist, um die Kälte in der großen Welt zu ertragen.«

Das konnte ich verstehen. Ich hielt es für einen sehr guten Gedanken des Herrn.

Nun, da meine Frage auf einfache Weise beantwortet worden war, ging ich auf wichtigere Dinge über, und zwar prüfte ich mit meinem Finger den Inhalt einer anderen Schüssel. Diese enthielt etwas besonders Feines: einen Nachtisch aus geschlagenem Eiweiß, mit Zitronensaft und Zucker vermischt. Es war mehr Luft als Substanz, aber gut für eine große Familie.

Tante Anna war eine gute Köchin, und sie konnte aus wenigem viel machen. Sie kochte einen Eintopf auf dem großen, schwarzen Herd, bis alles zu einer Masse geworden war. Das war das »alle-hap-hetzelfde«. Ich weiß noch, daß es eine Überraschung war, wenn wir ein Stückchen Fleisch drin fanden.

Sie hatte auch ihre Klubarbeit, und ihre Sorgen um andere reichten bis zu den Dienstboten in den Häusern der Reichen. Jeden Mittwoch- und Sonntagabend trafen sich einige von ihnen in einem Klubraum und brachten ihre Näh- und Stickarbeit mit. Tante Anna lehrte sie geistliche Lieder und trieb Bibelstudium mit ihnen. Wenn eins ihrer Mädchen den breiten Weg beschritt, wurde Tante Anna krank. Dann war ihr Gesicht ganz aufgedunsen, und wir brauchten nichts zu fragen; wir wußten, daß sie eine schlechte Nachricht bekommen hatte.

»Tante Anna, wer war es diesmal?« fragten wir sie.

Dann nahm sie ihre Schürze und verbarg ihr Gesicht darin. »Es war Betty«, sagte sie und wischte sich die Tränen ab, »sie war nicht stark genug im Herrn . . . sie ist durchgegangen mit Hans . . . und er hatte vor ihr doch schon zwei Frauen!« Sie war so besorgt wie eine Mutter um ein verirrtes Kind.

»Anna«, sagte Vater immer, »du mußt es nicht allein tragen. Wirf deine Sorgen auf den Herrn!«

Nollie (mein Mütterchen)

Nollie war körperlich die kräftigste von uns drei Mädchen. Ich betrachtete sie als »Respektsperson«, obwohl sie nur anderthalb Jahre

Corrie und Nollie (mein Mütterchen)

älter war als ich. Schon als kleines Kind fühlte sie sich für mich verantwortlich. Sie war mein Mütterchen. Immer wenn sie etwas Wasser trank, brachte sie auch mir eine Tasse voll, und ich mußte trinken, auch wenn ich keinen Durst hatte. Schließlich wußte Nollie doch am besten, was gut war. Ich war schüchtern, sie nicht; sie äußerte ihre Bedürfnisse und Ansichten, ich wartete ab.

Als wir noch ganz klein waren, machten wir eines Tages einen Spaziergang. Ein Mann auf einem Fahrrad fuhr uns gerade vor dem Haus an. Voller Schmutz und ganz erschrocken, rannten wir schreiend ins Wohnzimmer.

Nollie weinte laut, und alle kamen gerannt, strichen ihr das Haar aus den Augen, wuschen ihr den Schmutz ab und küßten ihr die Tränen weg. Ich stand in einer Ecke und sah zu. Ich überlegte, wann ich zu brüllen anfangen sollte – natürlich, nachdem Nollie fertig war! Ich wußte, daß meine Zeit, getröstet zu werden, auch kommen würde.

Plötzlich sagte Mutter: »Du lieber Himmel, guckt euch mal Corrie an!«

Alle wurden still und bemerkten erst dann, daß ich in der Ecke des Zimmers stand und daß dicke Tränen schmutzige Bächlein auf meinen Wangen bildeten. Endlich beachteten mich die Erwachsenen.

Die Gasse neben unserm Haus war der Ort, wo viele Ereignisse unseres Lebens stattfanden. In unserem überfüllten Haus war nicht viel Platz zum Spielen, deshalb war die Gasse unser Hof, unser Spielzimmer und die Schule, wo wir das Leben kennenlernten. Einmal sah Nollie einen kleinen Jungen. Er hieß Sammie Staal. Mit seinem Herzen war wohl etwas nicht in Ordnung, denn seine Hautfarbe war bläulich, und seine Nase war immer rot. Er konnte nicht laufen und saß in einem Rollstuhl. Nollie freundete sich mit ihm an und, von Mutter dazu ermuntert, fuhr sie ihn stundenlang spazieren, während die andern Kinder spielten. Als er starb, war Nollie untröstlich.

Alle teilten Nollies Schmerz. Obwohl wir noch sehr jung waren, wußten wir schon, daß unsere Probleme nie zu klein waren für die Erwachsenen. Es gab vielerlei Arten und Reifegrade von Liebe unter dem einen Dach.

5. Kleine Bengel

Geheimnisse und Versprechen sind für Kinder wie Seifenblasen – leicht gesagt, leicht vergangen. Das einzige Mal, als ich versuchte, etwas vor Mutter geheimzuhalten, wurde mein kleiner Betrug entdeckt. Ich redete im Schlaf.

Ich war noch sehr jung, vielleicht acht oder neun Jahre alt, und fühlte mich geschmeichelt, daß Richard mich einlud, mit ihm eine Dünenwanderung zu machen. Er war der Neffe unseres Pfarrers und schon sehr erwachsen – ein Teenager.

Aber ich war nicht gefaßt auf eine Handlung jungenhafter Neugier, die mich überraschte und mich zugleich mit Scham erfüllte. Wir hatten eine Vertiefung erreicht, wo man uns nicht sehen konnte, und plötzlich zog er mich an sich und begann sehr sonderbare Dinge zu tun. Auch ohne vorhergehende Warnung besorgter Eltern wußte ich, daß dies nicht recht sei.

Rot vor Entrüstung stieß ich ihn zurück und stampfte auf den Boden. »Richard, hör auf! Mutter würde das schmutzig finden!«

Richard sah erschrocken und doch trotzig aus. »Sie ist nicht hier . . . und du darfst nichts sagen.«

»Mutter ist nicht hier, aber Jesus; und ich weiß, daß er es auch nicht recht finden würde.«

Richard war geschlagen. Er ließ mich sofort los und sagte: »Versprich mir, daß du niemandem erzählst, was ich tun wollte; vor allem nicht deiner Mutter!«

Ich dachte darüber nach. Schließlich war er Richard und meiner Meinung nach eine sehr wichtige Person.

»Nun, ja . . . ich verspreche.«

Auf dem Heimweg erzählte er mir ein paar sehr nette Geschichten, und ich vergaß, was geschehen war.

Das heißt, ich dachte, daß ich es vergessen hätte!

Am nächsten Tag war ich krank und hatte Fieber. Ich redete von dem Spaziergang in den Dünen, wußte es aber nicht. Als das Fieber vorüber war, fragte Mutter mich, was mit Richard gewesen sei.

»Versprochen ist versprochen, Mama. Ich habe gesagt, daß ich es niemand in der Welt erzählen würde.«

»Correman, vergiß nie, daß Jesus immer bei dir ist. Jeden Morgen bitte ich ihn, immer für dich und alle meine Kinder zu sorgen. Am Abend danke ich ihm, daß er seine Engel sandte, dich zu bewahren. Komm, wir wollen zusammen beten.«

Ich erinnere mich, daß Mutter ihre Hände um die meinen legte und betete. Es war doch etwas Wundervolles, daß sie Jesus bat, mich zu bewahren. Sie betete: »Jesus, ich danke dir, daß du meine Corrie nie allein läßt . . . Ich danke dir, daß du sie während der Dünenwanderung bewahrt hast. Bitte, lege deine Hand auf Richard . . . zeige ihm, wie unrecht es war, was er tat, und mache ihn zu einem guten, reinen Jungen.«

Woher wußte sie nur die Sache mit Richard? Ich fragte mich, ob Mütter alles wüßten. Nun ja, es machte ja nichts . . . Jesus wußte es, Mama wußte es. Dann war alles gut.

Taugenichtse

Ich war kein Engel. »Taugenichts« war mein zweiter Name, und Dot, meine Kusine und beste Freundin, war mein williger Kamerad. Ihr Vater, Onkel Arnold, war Küster in der St. Bavo-Kirche, der herrlichen gotischen Kathedrale, die das Zentrum Haarlems beherrscht. In ihrem geheimnisvollen Inneren verbrachten wir ungezählte Stunden und dachten uns vielerlei Spiele aus. In den Bänken, die am Ende jeder Reihe durch eine halbhohe Tür von den Durchgängen abgeschlossen waren, konnte ein Kind ein eigenes Haus haben. Wir konnten Seeräuber sein, die sich in Grotten versteckten, oder Handelsleute in ihrem Kontor; wir konnten eine Schule leiten oder einen Süßwarenladen besitzen.

Die Kanzel war verbotenes Gebiet. Es war uns nicht erlaubt, sie zu besteigen. Das gehörte sich nicht und war unehrerbietig. Einem Kinde kam sie sehr eindrucksvoll vor, denn der Stuhl in der Kanzel steht nicht auf dem Boden. Er wird von den Bronzeflügeln eines Adlers gestützt. Das Taufbecken vor der Kanzel ruht auf drei Messingschlangen, und das genügte, uns in einiger Entfernung zu halten, ohne daß es uns gesagt wurde.

Unsere Stimmen hallten im Inneren der Kirche, und das machte unsere Spiele um so geheimnisvoller. Manchmal mußte Onkel Arnold uns mahnen, unsere Stimmen zu dämpfen.

»Kinder, Kinder, es sind Gräber unter unsern Füßen. Tretet leise auf!«

Als Küster hatte er das Vorrecht, auf kirchlichem Boden zu wohnen. Onkel Arnolds Familie hatte ein schmuckes Häuschen gerade neben dem Seiteneingang der Kirche. Ich liebte es, durch den schmalen Flur mit den schönen, blauen Kacheln in die Kirche zu gehen.

Daß sie an der Kirche wohnte, machte Dot nicht heiliger. Wenn ich nicht einen tollen Streich erdachte, tat sie es.

Wir saßen in derselben Klasse in der Schule und gingen meistens zusammen hin. Ich fühlte mich wohl bei Dot, denn wir befanden uns auf demselben Niveau wissenschaftlicher Leistungen, und zwar in der unteren Hälfte der Klasse. Wenn wir Schwierigkeiten mit unserm Pensum hatten, baten wir immer Jozien van Paassen uns zu helfen. Sie war nicht nur sehr gescheit, sie besaß auch ein Fahrrad. Eine angenehme Zusammenstellung. Ihr Vater war Pfarrer und hatte ein festes Monatseinkommen. Mit den Einnahmen eines Uhrmachers dagegen ging es auf und ab, wie die Gewichte der Standuhr.

Eines Morgens holte Dot mich vor der Schule ab. Sie war ganz aufgeregt. »Corrie, guck mal, was ich gefunden habe!«

Sie gab mir ein Zehnpfennigstück, das in zwei Teile gebrochen war. Wahrscheinlich war ein Wagen darüber gefahren und hatte die zwei Teile in die Pflastersteine gedrückt, wo sie einfach auf ein kleines Mädchen gewartet hatten, das sie aufheben würde. Zehn Pfennig bedeutete viel Geld für uns. Dafür konnte man in dem Süßwarengeschäft in der Begijnestraat zehn Lutscher kaufen. Welch eine seltene und herrliche Überraschung!

Wir zogen los. Keine von uns sagte etwas darüber, daß wir eigentlich etwas taten, was nicht recht war. Wir bestellten unsere Lutscher bei der freundlichen Frau, der das Geschäft gehörte. Dot gab mir die zwei Teile des Zehnpfennigstücks, und ich legte sie auf den Ladentisch. Dann zog ich mich blitzschnell durch die Tür zurück. Wir rannten fort. Da hörten wir die Ladenklingel und das Rufen der Frau: »Kinder . . . Kinder . . . kommt zurück . . . !«

Ich ergriff Dots Hand, und wir rannten noch ein wenig schneller, wobei meine Füße das übliche Problem hatten, mit meiner eigenen

Geschwindigkeit Tritt zu halten. Wir fühlten uns sehr schuldig und haben es wochenlang vermieden, an diesem Geschäft vorbeizugehen. Die Lutscher schmeckten uns übrigens auch nicht besonders, und als ich später folgendes in den Sprüchen las, dachte ich an dieses Ereignis: »Das gestohlene Brot schmeckt dem Manne gut; aber am Ende hat er den Mund voller Kieselsteine« (Spr. 20,17). Wirklich – ein Lutscher kann wie Kieselsteine schmecken!

Ein anderes Mal machten Dot und ich ein paar feste Schneebälle und steckten sie in unsere Manteltaschen. Es war so kalt, daß sie nicht schmolzen, sondern zu harten Bällen wurden, gerade richtig, um mit Handschuhen angefaßt und geworfen zu werden. Wir gingen durch die Kruisstraat hinter einigen würdigen Herren her, die mit lauter Stimme ihre Probleme besprachen. Ich gab Dot ein Zeichen. Wir steckten die Hand in die Tasche, zogen unsere Munition hervor, zielten und schossen. Zwei Zylinderhüte flogen durch die Luft, und zwei liebe, kleine Mädchen rannten hin und hoben sie auf.

»Bitte schön«, sagte ich mit ernster Miene und sehr höflich, während ich den Schnee behutsam von dem Hut klopfte. Dot hob den zweiten Hut auf und gab ihn dem andern Herrn, der einen sehr kahlen, kalten Kopf hatte. Er setzte den Hut auf und sagte: »Danke sehr, meine jungen Damen«, während er sich nach den Strolchen umsah, die sich solch eines Vergehens schuldig gemacht hatten.

Hüte ab!

Aber nicht alle meine Huterlebnisse verliefen ungestraft.

Der Direktor unserer Schule war ein sehr strenger Mann, der kein schlechtes Benehmen bei seinen Schülern duldete. Vater hatte Herrn van Leijden die christliche Schule gründen helfen, und deswegen brauchten wir kein Schulgeld zu zahlen. Das war eine große Hilfe für die ten-Boom-Familie. Im Anfang kamen viele Kinder, die in andern Schulen Erziehungsschwierigkeiten hatten, hierher, und oft mußte Herr van Leijden sie in ihre früheren Schulen zurückschicken.

Ich war entsetzt, wenn ein Schüler fortgeschickt wurde. Man stelle sich doch einmal vor, wie beschämend es für die Eltern sein mußte, wenn ihr Kind wegen schlechten Betragens von der Schule geschickt wurde!

Ich muß etwa zehn Jahre alt gewesen sein, als folgendes geschah. Ich saß auf meiner Bank, guckte aus dem Fenster und beobachtete, wie der Wind den Staub im Hof herumwirbelte. Ich dachte an den neuen Hut, den Tante Jans mir gegeben hatte, einen großen blau-weißen Matrosenhut, den ich haßte, nur weil es ein Hut war. Der Lehrer verließ das Klassenzimmer, und da hatte ich eine Idee.

»Hört mal«, sagte ich zur Klasse, »ich habe einen großartigen Gedanken. Genau um zwei Uhr setzen wir alle unsern Hut oder die Mütze auf. Wir können sie in unser Fach schmuggeln, so daß Herr van Ree sie nicht sieht. Ich habe eine Uhr und werde das Zeichen geben.« Die Klasse von sechzig Zehnjährigen knisterte vor Aufregung, und ich war die Anführerin. Die Tatsache, daß ich eine Uhr hatte – die einzige in der Klasse –, machte mich zu einer wichtigen Person.

Es wurde zwei Uhr, und die Klasse war sehr ruhig. Wir arbeiteten schweigend an unseren Rechenaufgaben, und der Lehrer blickte von einem zum andern. Er war wohl etwas mißtrauisch wegen unseres ungewöhnlichen Benehmens.

Ich saß in der vorderen Hälfte des Klassenzimmers, und nachdem ich das Zeichen gegeben hatte, nahm ich meinen Hut aus dem Fach und setzte ihn auf. Hinter mir hörte ich nichts. Ich sah umher und bemerkte zu meinem Entsetzen, daß keiner den Mut hatte, meinem Beispiel zu folgen, außer Jan Vixeboxe, der irgendwo hinten in der Klasse saß. Als mein Blick sich wieder auf den Lehrer richtete, sah er mich mit wütenden Augen an, in denen keine Spur von Humor war. Es lag etwas Erschreckendes in der Luft.

»Geh sofort zum Direktor, Corrie ten Boom!« befahl er.

O nein, nicht zum Direktor! Das war Herr van Leijden, und er warf Schüler, die sich den Ordnungen des Hauses widersetzten, hinaus.

Ich rutschte aus der Bank und nahm den Hut vom Kopf, während ich die Klasse verließ. Im Flur öffnete ich die Tür der Garderobe und versteckte mich in einer dunklen Ecke hinter den Mänteln. Ich weiß nicht, wieviel bittere Stunden ich dort verbrachte, aber es kam mir wie eine Ewigkeit vor, bis es läutete und ich vor allen andern aus dem Gebäude rannte.

Ich erwartete, wie die Problemschüler anderer Schulen fortgeschickt zu werden. Ich dachte an die Schande, die ich den Eltern antun würde; an alles, was sie wegen meines schlechten Benehmens würden durchmachen müssen. Und wie sehr liebte ich sie doch! Ich dachte daran, wie sie immer für mich gesorgt hatten, in wieviel Schwierigkeiten sie durch Krankheit und Geldmangel immer wieder gerieten. Wir waren eine so eng verbundene Familie, daß wir immer Freud und Leid teilten, und nun das! Ausgeschlossen aus der Schule, die mein Vater mitgegründet hatte!

Während des Abendessens war ich so still, daß Mutter dachte, ich sei krank. Ich ging früh hinauf und kroch ins Bett; die Steppdecke zog ich hoch bis ans Kinn. Ich erzählte Nollie alles, was geschehen war.

»Warum bittest du Gott nicht um Vergebung?« schlug sie vor.

»Das habe ich schon getan . . . Aber glaubst du, er wird dafür sorgen, daß ich nicht von der Schule fortgeschickt werde?«

Ich legte Nollie, weil sie fast zwölf war, alle tiefgehenden Fragen vor, die mich verwirrten. Sicher wußte sie immer die Antworten.

»Ich weiß es nicht«, erwiderte Nollie. »Aber erinnerst du dich noch an den langweiligen Psalm, den Vater nach dem Essen gelesen hat, wo jeder sechste oder siebente Vers gleich war? ›. . . die dann zum Herrn riefen in ihrer Not, und er errettete sie aus ihren Ängsten‹« (Ps. 107).

Zum ersten Mal seit der Hutgeschichte fühlte ich mich ein bißchen erleichtert. »Weshalb tun wir das nicht auch?«

Wir »riefen zum Herrn« und schliefen dann ein. Am nächsten Morgen schüttelte Nollie mich wach und erzählte mir ihre wunderbare Idee. Wir hatten ein kleines Missionsmonatsblatt, das ich als meinen speziellen Beitrag zur Evangelisierung der Welt verschiedenen Leuten brachte. Herr van Leijden war einer der Abonnenten. Nollie schlug vor: »Du mußt irgendwie versuchen, zum Direktor zu gehen und ihm persönlich das Missionsblatt für diesen Monat zu bringen. Es kann nicht schaden, und vielleicht hilft es etwas.«

An jenem Morgen ging ich ins Zimmer des Direktors und gab ihm das Blatt. Mein Herz klopfte fast durch mein bestes Schulkleid hindurch, und ich machte ein sehr frommes Gesicht. Er sah auf das Blatt und dann auf mich. Das Warten dauerte hundert Jahre, und die Stille tat meinen Ohren weh. Er hatte nicht viel Sinn für Humor, aber ich glaube, daß er die Mundwinkel doch ein wenig hochzog.

Er räusperte sich, klopfte mit dem Bleistift auf den Schreibtisch und sagte: »Corrie ten Boom, ich glaube nicht, daß du dich gestern wie ein braves, frommes Mädchen benommen hast.«

Das war alles, was ich je über mein Vergehen hörte. Der Herr errettete mich aus meinen Ängsten.

Mäuse im Manuskript

Als ich etwa zwölf Jahre alt war, beschloß ich, Schriftstellerin zu werden. Ich machte es mir bequem auf meinem Bett, nahm einen Schreibblock auf die Knie und erfand eine wunderbare Geschichte über die Abenteuer von Nollie, Jozien, Dot und all ihren Geschwistern während einer Ferienreise ohne unsere Eltern. Es war eine wunderschöne Geschichte mit mehr Abenteuern als bei Dickens und lebhafteren Charakterschilderungen als bei Louise May Alcott. Wie berühmt würde ich werden!

Betsie zerstörte meinen Traum. Sie kam ins Zimmer und sagte: »Was ist denn das?« Das schien mir doch klar genug zu sein. »Es ist ein Buch, das ich schreibe«, antwortete ich, so selbstzufrieden, wie nur eine sieben Jahre jüngere Schwester die törichte Frage einer Erwachsenen beantworten konnte.

Betsie sagte selten etwas Entmutigendes, aber jetzt sagte sie: »Wie töricht! Du kannst doch kein Buch schreiben!«

Nun, dachte ich, ich will keinem mein Buch mehr zeigen. Deshalb versteckte ich es auf dem Dachboden, und in den kommenden Monaten vergaß ich das kostbare Manuskript.

Als ich später wieder daran dachte und die Papiere aus der geheimen Ecke hervorholte, war nur noch etwa ein Zehntel des künftigen Bestsellers übrig. Den Rest hatten die Mäuse gefressen. Ich war so enttäuscht, daß ich beschloß, nie wieder ein Buch zu schreiben.

Unter dem Schatten Seiner Flügel

Als Kind wurde mir auf vielerlei Weise klargemacht, daß ich geborgen sei. Jeden Abend ging ich im Nachthemd an die Tür meines Zimmers und rief: »Papa, ich bin soweit.« Dann kam Vater herauf und betete mit mir, ehe ich schlafen ging. Ich kann mich erinnern, daß er immer Zeit für uns hatte. Er mummelte mich sorgfältig mit der ihm eigenen Genauigkeit ein. Dann legte er seine Hand liebevoll auf mein Gesicht und sagte: »Schlaf wohl, Corrie . . . ich hab dich lieb.«

Ich lag dann immer sehr, sehr still, weil ich glaubte, ich würde die Berührung seiner Hand verlieren, sobald ich mich bewegte, und ich wollte sie fühlen, bis ich einschlief.

Viele Jahre später, im Konzentrationslager in Deutschland, dachte ich manchmal an das Gefühl von Vaters Hand auf meinem Gesicht. Wenn ich neben Betsie auf einer alten, schmutzigen Matratze in dem menschenunwürdigen Gefängnis lag, sagte ich: »O Herr, laß mich Deine Hand spüren . . . darf ich mich unter dem Schatten Deiner Flügel bergen?«

Inmitten jenes Leidens fühlte ich mich geborgen bei meinem himmlischen Vater.

Greife so hoch hinauf, wie du kannst

Der Wunsch, meinem Vater Freude zu machen, war eine der stärksten Triebfedern meines Lebens. Wenn ich von der Schule nach Hause ging, kam ich jeden Tag an einer dreckigen Mauer vorbei. Sie war voller Fliegen, und wenn es heiß war, vertrieb ich mir die Zeit damit, Fliegen zu fangen, indem ich mit der Hand die Mauer entlang fuhr. Wenn ich eine hatte, ließ ich sie wieder fliegen und versuchte, die nächste zu fangen.

Als ich eines Tages in dieses schmutzige Spiel vertieft war, hörte ich eine bekannte Stimme hinter mir: »Nein, ist das eine Freude, meine jüngste Tochter hier auf der Straße zu treffen!«

Plötzlich fühlte ich mich sehr unbehaglich, weil ich so schmutzig war. Vater sah so tadellos und gut gekleidet aus, daß ich meine Hand nicht in die seine zu legen wagte. Er sagte nichts über mein Aussehen, sondern ging ruhig weiter und erzählte von seinem Besuch bei Frau de Vries und von seinem Gespräch mit deren Hausmädchen über den Herrn Jesus, bis wir in der Beje waren.

»Ich bin wieder da, Cor«, rief er Mutti zu. Dann wandte er sich zu mir und sagte: »Und du wäschst dir jetzt erst die Hände, ehe du zur Mutter gehst, nicht war Corrie!«

Es war eine Kleinigkeit, aber ich schäme mich heute noch, in Vaters Gegenwart so schmutzig gewesen zu sein.

Wir wurden immer ermuntert, unser Bestes zu tun. Wenn Vater eine Uhr auseinandernahm und wieder zusammensetzte, tat er das ohne Rücksicht auf Stand oder Reichtum des Besitzers. Er lehrte uns, daß nicht entscheidend sei, was man selbst oder ein anderer über die Arbeit dachte, die man getan hatte, sondern was Gott darüber dachte.

Als Nollie und ich Teenager waren, beschlossen wir, nähen zu lernen. Ich nähte mir eine Bluse; sie war sehr nachlässig gemacht, mit krummen Nähten und schlecht sitzenden Ärmeln. Ich zog sie an, obwohl ich wußte, daß ich sehr schlampig aussah. Aber das kümmerte mich nicht weiter, bis ich Vaters Gesicht sah. »Corrie, das Hausmädchen kann dich lehren, den Boden zu schrubben, aber deine Mutter sollte dich nähen lehren. Wenn du deine Zeit und dein Geld dafür verwendest, etwas herzustellen, mußt du es so gut wie möglich tun.«

Leistung und Ehrlichkeit waren solch fundamentale Bestandteile in Vaters Charakter, daß wir manchmal das Kichern unterdrücken mußten, das er so sehr verabscheute. Eine der Geschichten, die Mutter uns über ihn erzählte, war: »Mein Mann ist so aufrichtig, daß er, als die Kinder klein waren, nicht zuließ, daß ich ihnen einen Schnuller gab, mochten sie auch noch so laut und lange weinen. Er sagte immer: ›Sie denken, sie bekommen etwas zu trinken. Man betrügt ein Kind, wenn man ihm etwas in den Mund steckt, das eine Lüge ist.‹«

Dann seufzte Mutter mit belustigter Resignation und sagte: »Und so bekamen meine kleinen Kinder nie einen Schnuller, weil mein Mann so ehrlich ist.«

Vater war auch ehrlich, wenn es sich um Schmerzen handelte. Wenn wir zum Arzt oder Zahnarzt gehen mußten, ging Vater mit, um uns zu trösten. Er würde aber nie gesagt haben, daß wir keinen Schmerz fühlen würden. Er sagte, wenn ein Zahn gefüllt oder gezogen werden müßte, müßten wir tapfer sein. Wenn wir seine Hand festhielten, hatten wir keine Angst, und wenn der Arzt seine Hilfe brauchte, hielten seine starken Hände unsere Hände oder unsern Kopf fest, so daß wir uns nicht bewegen konnten.

Vielleicht ist es nicht richtig, dies angesichts der nachgiebigen Weise, in der viele Kinder heutzutage erzogen werden, zu sagen, aber wir lernten Disziplin, ohne geschlagen zu werden. Ich kann mich nicht erinnern, als Kind geschlagen worden zu sein. Dabei bestand in unserer Familie kein Zweifel an der Tatsache, daß wir Vater gehorchen mußten. Sein Wille war Gesetz, und das wußten wir alle.

Vater brauchte nicht aufzustehen und zu erklären: »Ich bin das Haupt der Familie!« Er war es einfach. Wir wollten es auch gar nicht anders; denn die Liebe und die enge Verbundenheit untereinander gründete sich auf die feststehende Tatsache, daß Gott immer bei uns war. Und Er hatte Casper ten Boom die Verantwortung für das Haus in Haarlem, Beje genannt, übertragen.

6. Um den ovalen Tisch herum

Kann ein Möbelstück wichtig sein? Der ovale Tisch in unserm Eßzimmer war der Ort, wo von Erwartungen und Träumen gesprochen wurde; der Ort, wo auf Gebete und Bitten gehört und wo fröhlich und liebevoll gelacht wurde.

Aber am Sonntag war er noch mehr. Er war der Versammlungsort für Verwandte und Freunde.

Der Sonntag war ein wichtiger Tag für uns. Dann war alles – von den Kleidern, die wir trugen, bis zu dem Besteck, das wir benutzten – anders als an Wochentagen. Mein Sonntagskleid war das neue, das ich zu Weihnachten bekommen hatte. Ich hatte also kaum die Wahl, was ich für den Kirchgang anziehen sollte. Tante Anna konnte Wunder mit dem Kleid verrichten, indem sie es mit einem farbigen Gürtel oder einer Schleife versah, wodurch mein ziemlich nachlässiges Äußeres verbessert wurde. Es war eins der kleinen Zeichen ihrer dienenden Liebe.

Wenn wir fertig waren, ging Vater mit uns zur St. Bavo-Kirche. Wir versuchten, unsere Schuhe nicht abzustoßen oder zu beschädigen und unsere Sonntagskleidung nicht zu verderben.

Nach dem Gottesdienst freuten wir uns wieder auf zu Hause, besonders, wenn es kalt war; denn die St. Bavo war ungeheizt, und an manchen Tagen klapperten meine Zähne vor Kälte während des ganzen Gottesdienstes.

Zu Hause half ich beim Sonntagsmahl, indem ich zuerst einmal ein schönes, weißes Tischtuch über den ovalen Tisch legte. Ich versuchte dies sehr sorgfältig zu tun, da ich wußte, daß Betsie darauf sah, daß es an allen Seiten gleich tief herunterhing, und ich wollte ihren Anforderungen gern entgegenkommen. Alles an Betsie war ordentlich, und ich war . . . nun ja – eben Corrie.

»Gut gemacht, Corrie«, sagte sie, und das war alles, was ich für den Rest des Tages an Ermutigung brauchte.

Das zarte Porzellan, das Vaters älteste Schwester, Tante Toos, aus Indonesien mitgebracht hatte, und Tante Jans' vornehmes silbernes Tafelgerät – ein Geschenk von reichen Mitgliedern der Gemeinde ihres Mannes – wurden auf den Tisch gestellt. Dann kam Tante Anna aus der Küche, wischte ihre Hände an der großen Schürze ab, mit der sie ihr schwarzes Seidenkleid bedeckte, und klingelte mit einer kleinen Glocke.

»Das Essen ist fertig!«

Wenn wir saßen, nahm Vater die frische Sonntagsserviette aus dem Ring, legte sie sorgfältig auf die Knie und beugte den Kopf.

»Herr, wir danken dir für diesen schönen Tag des Herrn und für diese Familie. Segne diese Speisen! Segne unsere Königin und laß den Tag der Wiederkunft deines geliebten Sohnes auf den Wolken des Himmels bald kommen! Amen.«

Unser Tischgespräch am Sonntag drehte sich manchmal um die Predigt, die wir gehört hatten. Aber meistens war Vater vorsichtig, um nicht zu viel zu sagen. Er ging in die Kirche, die nicht weit von unserem Haus entfernt war, weil er fühlte, daß Gott ihn dorthin rief; aber er hatte kein Amt dort. Seine Ansichten wurden von den Liberalen, die die leitenden Ämter innehatten, nicht akzeptiert.

Die Gespräche am Eßtisch waren lebhaft; denn wir hatten alle etwas erlebt, was wir den andern mitteilen wollten. Ich glaube, daß das gemeinsame Essen einer Familie deshalb soviel Freude macht, weil dann jeder Zeit hat, jeden anhören zu können.

Vater hatte eine besondere Gabe, die Gespräche so zu führen, daß Kinder sich nicht ausgeschlossen fühlten. Wir erzählten gern unsere eigenen Erlebnisse, lernten aber über uns selbst zu lachen, nicht über andere.

Einmal erzählte Nollie von einer Zeichnung, die sie in der Schule gemacht hatte.

»Ich fand die Zeichnung ganz gut«, sagte Nollie, »aber als Herr van Arkel sie sah, hielt er sie hoch und sah sie erst so und dann wieder so an und runzelte die ganze Zeit die Stirn.«

»Vielleicht wollte er sie nur besser sehen«, meinte Betsie.

»Ich fürchte, daß das nicht der Grund war«, antwortete Nollie.

(Lernen war eine wichtige Angelegenheit in unserer Familie, so daß jedem von uns aufmerksam zugehört wurde, wenn er von der Schule sprach.)

»Nollie, was sagte Herr van Arkel?« fragte Mutter.

»Er sagte: ›Weißt du, an welchen Vers in den Sprüchen deine Zeichnung mich erinnert, Nollie ten Boom?‹«

»Ich sagte: ›Honni soit qui mal y pense‹ (Wer Schlechtes dabei denkt, soll sich schämen). Es ist die Losung eines Ritterordens, Mensch, hat Herr van Arkel gelacht!«

Nollies Augen glänzten, als sie dies erzählte. Vater hatte Spaß an einem guten Witz, wenn wir nur nicht kicherten. Lachen hatte er gern, aber kichern war verboten.

An den Sonntagnachmittagen kamen oft Besucher, die eine Tasse Tee trinken und sich ein bißchen unterhalten wollten. Manchmal machten wir einen Spaziergang. Am Tag des Herrn lernten, nähten und arbeiteten wir aber nicht. Die einzige Arbeit, die erlaubt war, war das Aufziehen der Uhren, die zur Reparatur im Geschäft waren.

Vater sagte: »Auch am Sonntag muß ich meine Kühe melken.«

Vaters Freunde

Die Gemeinschaft um den ovalen Tisch war mehr als nur eine Familienangelegenheit.

Durch die Jahre hindurch haben viele Menschen, junge und alte, reiche und arme, zur Bereicherung meiner Kinderjahre beigetragen. Ich fand es herrlich, wenn einige besondere Freunde von Vater uns besuchten; denn sie lachten gern und erzählten immer schöne Geschichten.

Als Vater als junger Mann in Amsterdam wohnte, arbeitete er in einem sehr armen Stadtviertel in einer Stadtmission, die »Heil des Volkes« hieß. Drei andere Männer widmeten dieser Arbeit auch ihre Zeit und Kraft, und es entstand eine feste Freundschaft zwischen ihnen.

Die vier Männer trafen sich oft, erzählten sich Sorgen und Freuden, studierten zusammen die Bibel und sprachen über vieles, was sie interessierte. Als Kind freute ich mich immer, wenn sie zu uns kamen. Ich hörte den Gesprächen der Freunde gern zu, um aus ihren Erlebnissen zu lernen. Wir Kinder durften immer bei den Gesprächen dabei sein und wurden ermutigt, daran teilzunehmen, wenn wir etwas fragen wollten. In Gedanken rieche ich noch den Duft von Kölnisch Wasser und guten Zigarren, der im Zimmer hing.

Fritz Vermeer war ein ziemlich rundlicher Holländer, der gern

Spaß machte. Er war »Onkel Fritz« für uns. Die andern Freunde nannten wir Onkel Dirk und Onkel Hendrik.

Als erstes holte Vater, wenn seine Freunde kamen, die Zigarrenkiste aus dem Schreibtisch, wo das dicke Kassenbuch des Geschäftes aufbewahrt wurde. Aus seiner Tasche nahm er dann den speziellen Zigarrenabschneider, der an der andern Seite Schlüssel zum Aufziehen der Uhren hatte. Es war ein wichtiges Werkzeug, und viele Kinder haben im Laufe eines halben Jahrhunderts auf Vaters Knien gesessen und damit gespielt.

Onkel Hendrik galt als der Theologe der Gruppe und wurde fortwährend nach Bibelstellen gefragt, die für eine bestimmte Situation oder ein Problem geeignet waren. Es kam selten vor, daß er nichts Passendes wußte.

Onkel Dirk war der einzige Unverheiratete. Er liebte Kinder aber sehr und konnte diese Liebe auf besondere Weise zum Ausdruck bringen.

Eines Tages, als Vaters Freunde über ihre Sorgen und Interessen sprachen, erzählte Onkel Dirk von einem Waisenhaus, wo er Vorstandsmitglied war. Ich hörte aufmerksam zu, denn der Gedanke an Kinder ohne Eltern beschäftigte mich sehr. Ich fand es schrecklich, ohne die Liebe von Eltern aufwachsen zu müssen.

»Ich habe mich entschlossen, Vater des Waisenhauses zu werden«, erklärte Onkel Dirk. »Ich war im Vorstand und habe mich um bessere Verhältnisse für die armen Kinder bemüht, aber ohne positive Ergebnisse. Ich muß selbst dort arbeiten.«

Vater war sehr erfreut. »Dirk, das ist gewiß Gottes Führung für dich! Er hat dir keine Frau gegeben, aber Er wird dich mit vielen, vielen Kindern segnen. Wir wollen darum beten.«

Und dann betete Vater mit seinen Freunden so einfach und natürlich, daß es war, als habe das Gespräch gar nicht aufgehört, sondern ginge nun einfach weiter zum Herrn.

Sehr, sehr oft habe ich mich die Jahre hindurch an die wunderbaren Stunden erinnert, als ich den Erlebnissen von Vaters Freunden zuhörte. In den Sprüchen steht: »Von deinem Freund und deines Vaters Freund laß nicht ab« (Spr. 27,10). Oft habe ich gedacht, wie weise das ist.

Bibelstudium war ein Spiel

Wenn der Tisch abgeräumt und alles in der Küche erledigt war, wurde der ovale Tisch der Ort für Gesellschaftsspiele. Wir spielten nicht Karten (denn das wurde als eine Art Glücksspiel betrachtet), aber die Spiele, von denen wir etwas lernten, machten uns immer wieder Freude.

Verschiedene Sprachen wurden als Spiel eingeführt, nicht als erzwungenes Studium. Als ich im vierten Schuljahr war, fingen wir mit Französisch an. Ich liebte den melodischen Klang dieser schönen Sprache, aber sie war und ist schwierig für mich. Im nächsten Jahr begannen wir mit Englisch. Das war einfacher. Aber wenn ich mich mit all den unterschiedlichen Bedeutungen der englischen Wörter plagte, fragte ich mich, ob ich jemals nach England oder Amerika kommen und Gelegenheit haben würde, diese Sprache zu gebrauchen.

Vater wollte, daß ich gut Englisch lernte, und er gab mir ein kleines Sonntagsschulbüchlein in englischer Sprache, das hieß »There's no place like home«. Ich habe es viele Male gelesen.

Die größte Freude beim Erlernen der Sprache hatten wir bei unserem Bibelstudium. Die ganze Familie nahm daran teil, und jeder von uns hatte eine Bibel in einer andern Sprache. Willem hatte gewöhnlich das Original in Hebräisch und Griechisch; ich hatte die englische Bibel. Mutter die holländische, Nollie die französische und Betsie oder Vater die deutsche. Es waren immer besonders schöne Stunden für uns alle.

Vater begann etwa mit der Frage, wie Johannes 3,16 auf englisch laute. Ich antwortete aus meiner englischen Bibel, Mutter aus ihrer holländischen und Betsie auf Deutsch.

Damals hielten wir es nicht für möglich, daß Betsie jemals ein Bibelwort auf Deutsch würde gebrauchen können. Wir kannten noch keine Deutschen! Aber Gott benutzt solche scheinbar unwesentlichen Dinge, um uns für den Plan, den er für unser Leben hat, zuzubereiten. Mehr als vierzig Jahre später hatte Betsie im Konzentrationslager Gelegenheit, diesen Bibelvers – und viele andere – zu gebrauchen, um zu den Gefangenen und Wärterinnen von Gottes Liebe zu sprechen.

Wenn Vater betete . . .

Alle Zimmer in unserm Hause haben unsere Gebete gehört, aber der ovale Tisch hat wahrscheinlich die meisten Gespräche mit dem Herrn miterlebt. Beten brachte uns nie in Verlegenheit, ob wir nun als Familie beisammen waren oder ob ein Fremder dabei war. Vater betete, weil er einen guten Freund hatte, mit dem er die Probleme eines jeden Tages besprechen konnte; er betete, weil er eine direkte Verbindung mit seinem Schöpfer hatte, wenn ihn etwas beschäftigte; er betete, weil es so vieles gab, wofür er Gott danken wollte.

Vater sprach mit dem Herrn Jesus ernst, aber einfach. Er sprach zu dem Einen, den er kannte. Einmal kam ein Pfarrer zu uns, und am Ende seines Besuchs betete Vater: »Herr, ich danke dir für diesen guten Tag. Wir hoffen, daß alle zusammen denselben Weg gehen.«

Der Pfarrer verließ das Haus mit einem verwunderten Ausdruck im Gesicht. Konnte dies der Casper ten Boom sein, von dem so viele seiner Gemeindemitglieder sagten, er habe ein so tiefes Verständnis von Gottes Wort?

Vater betete vor und nach jeder Mahlzeit. Zwei Dinge schloß er in sein Gebet mit ein: die Königin und die Wiederkunft Jesu Christi. Das Wissen um die Wiederkunft Jesu Christi und die Erwartung seines Kommens wurden mir als Kind vom Vater geschenkt, als er in einem jener ruhigen, bedachtsamen Augenblicke vor dem Schlafengehen mit mir sprach. Was die Königin betrifft – Vaterlandsliebe und Treue waren feste Bestandteile unseres Familienlebens, wie das in den meisten holländischen Familien der Fall war. Aber ich hatte nie gedacht, daß die Gebete des kleinen ten-Boom-Mädchens in einer so ungewöhnlichen Weise erhört werden würden.

Ich? Gast der Königin? O nein!

Es war im Jahr 1956, mehr als ein halbes Jahrhundert, nachdem ich Vater zum ersten Mal für die Königin hatte beten hören. Ich war in Formosa mit Dr. Bob Pierce, einem Mann, dessen Sorge und Liebe der ganzen Welt galt. Eines Tages sagte er zu mir: »Corrie, ich glaube, es wäre gut, wenn du mal mit der Königin deines Landes sprechen würdest.«

Bob ist Amerikaner, und ich nahm es ihm nicht übel, daß er nichts vom Protokoll beim Umgang mit der königlichen Familie wußte.

»Bob, du weißt nicht, was du sagst! Ich kann doch die Königin nicht besuchen.«

Er sah mich freundlich an und sagte: »Bete darüber!« Und das tat ich.

Wilhelmina war in einer Zeit, die zwei Weltkriege umspannte, Königin gewesen; sie hatte während zweier Generationen regiert und jetzt die Krone zugunsten ihrer einzigen Tochter, unserer Königin Juliana, niedergelegt. Von dem Augenblick an wollte Wilhelmina mit »Prinzessin« angeredet werden.

Als ich wieder in Holland war, schrieb ich Prinzessin Wilhelmina, daß ich sie gern besuchen und ihr die Grüße von Bob Pierce und von »World Vision International« überbringen möchte. Am Tag, nachdem mein Brief sie erreichte, schickte die Prinzessin ihr Auto, das mich zu ihr bringen sollte.

Ich saß hinten im Wagen und genoß jeden Kilometer von Haarlem bis nach »Het Loo«, ihrem Schloß in Apeldoorn.

»Wie würde Vater sich gefreut haben«, dachte ich. »So viele Jahre lang hat er für die Königin gebetet, und nun besucht seine Tochter sie!«

Ein überraschendes Ereignis folgte dem andern. Ich bekam Gelegenheit, mit der Prinzessin zu sprechen, und ich wurde allen im Schloß vorgestellt. Nach ein paar Stunden mußte ich Prinzessin Wilhelmina sagen, daß ich mich verabschieden müsse wegen einiger Versammlungen, die in Deutschland geplant waren.

Sie sah mich an und sagte: »Ich dachte, Sie würden ein paar Wochen hier bleiben, und nun sind es nur ein paar Stunden. Weshalb fahren Sie nach Deutschland?«

Der Krieg war seit mehr als zehn Jahren vorüber, aber die Erinnerung daran war bei vielen Holländern noch lebendig.

»Ich muß nach Deutschland, Hoheit, weil Gott mich dazu berufen hat, den Menschen dort von Seiner Liebe und Vergebung zu erzählen.«

Sie schob meine Worte mit einer Handbewegung beiseite. Als ich aber später wieder in Holland war, lud sie mich ein, längere Zeit zu ihr zu kommen. Während dieses Besuchs durfte ich jeden Abend eine

Stunde bei Prinzessin Wilhelmina verbringen. Sie sagte: »Ich bin zu alt für zu viel. Entweder wir können zusammen essen oder eine Stunde zusammen sprechen.« Ich wählte letzteres und aß dann später mit ihrer Hofdame. Die Prinzessin kannte ihre Bibel sehr gut, und wir genossen diese Stunden in ihrem geschmackvoll eingerichteten Zimmer. Sie gab mir Gelegenheit, ihr von dem Wunder, das Gott in meinem Leben gewirkt hatte, zu erzählen: daß ich meinen Feinden vergeben konnte.

Ich glaube, daß irgendwie etwas von Vaters Gebeten von vor vielen, vielen Jahren, erhört wurde, als Gott die Tochter des Uhrmachers der Königin Seine Botschaft der Liebe sagen ließ.

Mit vielen im Schloß hatte ich gute Gespräche. Mit den meisten kam ich in persönlichen Kontakt, wenn wir von der bedeutendsten Person, unserm Herrn Jesus Christus, sprachen. Aber die schönsten Augenblicke des Tages waren die Stunden mit der großartigen Frau, die unser kleines Land in der Zeit regierte, als zwei Weltkriege Europa verwundeten.

7. Siebzehn – und noch so viel zu lernen

Wenn Betsie eine Geschichte erzählte, flocht sie farbenprächtige Fäden in die Wortgebilde, die sie schuf. Wenn sie ein Zimmer betrat oder sich für eine Versammlung anzog, tat sie es mit feinem Instinkt für ihre Umgebung. Sie besaß Lebenskunst!

Ich war nie, was man einen »reifen« Teenager nennen würde. In den Entwicklungsjahren war ich ein Wildfang, keine »junge Dame«. Aber ich eiferte gerne nach, und ich wollte auch gern lernen, obwohl es mir unmöglich schien, jemals die sanften, weiblichen Eigenschaften zu besitzen, die bei meiner ältesten Schwester so selbstverständlich waren.

Betsie lehrte mich sehr viel, unter anderem, wie ich eine Geschichte erzählen mußte. Viele Jahre lang hatte sie eine Sonntagsschulklasse. Sie fing damit an, als sie siebzehn Jahre war. Sie liebte Schüler, und die kleinen Geschenke und bewundernden Blicke dieser Jungen und Mädchen waren ein Beweis dafür, daß sie sie auch liebten. Eines Tages sagte Betsie zu mir: »Corrie, du mußt auch eine Klasse übernehmen.«

»Was kann ich sie denn lehren?« fragte ich und dachte dabei, wie unsicher ich mich fühlen würde, wenn mich jemand etwas fragen würde und ich nicht antworten könnte. Es gab so viele Dinge, die ich nicht verstand, besonders all die Könige und Richter und Kriege im Alten Testament.

Betsies Antwort war: »Versuch es nur mal! Erzähl die Geschichte von der Speisung der Fünftausend!«

Nun, das war ja eine Geschichte, die ich kannte. Ich ging also mit ihr in ihre Klasse und meinte, es wäre eine sehr leichte Aufgabe. Welch ein Irrtum!

Wie unfähig kam ich mir vor, als ich in fünf Minuten mit der Geschichte fertig war! Der Unterricht dauerte dreißig Minuten, und ich wußte nicht, wie ich die übrige Zeit füllen sollte. Betsie übernahm die Sache, und ich hörte erstaunt zu, als sie dieselbe Geschichte nochmals erzählte, während die Kinder gefesselt zuhörten.

Ich fühlte mich entmutigt; ich konnte nicht einmal eine Geschichte erzählen. Aber nach dieser Erfahrung war ich fest entschlossen, es zu lernen. Während ich Betsie zuhörte, wurde mir klar, daß man eine Erzählung gleichsam mit Worten weben, seine Zuhörer eine Wortreise machen lassen muß.

Ich hatte eine Freundin, Mina, die Lehrerin in einer christlichen Schule war. Sie versprach, mir zu helfen. Wir baten den Schuldirektor um die Erlaubnis, daß ich jeden Montagmorgen in ihrer Klasse die biblische Geschichte erzählen dürfe. Zuerst waren meine Erzählungen ziemlich langweilig, aber allmählich lernte ich Dinge hinzuzufügen, die die Fantasie anregten und damit die Geschichten interessanter machten.

Ich beschrieb ein Bild nach dem andern und führte meine kleine Klasse durch die Kunstgalerie der Bibel. Als ich die Geschichte von der Speisung der Fünftausend wieder erzählte, stellten wir uns vor, wie Jesus mit den vielen Menschen um sich herum im Gras saß. Wir sahen uns alle einzeln an, stellten uns vor, wo sie wohnten, welche Probleme sie hatten und was sie wohl von diesem Manne mit dem Ausdruck göttlicher Liebe in den Augen dachten. Das nächste Bild zeigte Jesus und seine Jünger, die darüber sprachen, wie die müden, hungrigen Menschen etwas zu essen bekommen könnten. Es war kein Bäcker und kein Fischmarkt in der Nähe, aber daß sie Nahrung brauchten, war klar. Im blauen Wasser des Sees Genezareth spiegelten sich die umliegenden grünen und braunen Hügel, und das üppige Gras wurde von den vielen Menschen, die da saßen, um Jesus zuzuhören, niedergedrückt.

Dann führte ich meine Zuhörer zu dem Höhepunkt, wo Jesus die fünf Brote und die zwei Fische nahm, die ihm ein Junge, der für seine Mutter eingekauft hatte, gab, und ». . . er sah auf gen Himmel, dankte und brach die Brote und gab sie den Jüngern, daß sie ihnen vorlegten; und die zwei Fische teilte er unter sie alle. Und sie aßen alle und wurden satt« (Mark. 6,41.42).

»Was für ein großes Fest ist es, wenn wir an Jesus Christus glauben«, sagte ich zum Schluß.

Ich hatte keine Ahnung, wie wertvoll mir diese Stunde später sein würde. Wenn Betsie mir gesagt hätte, daß ich einmal vor Tausenden sprechen würde, so bin ich überzeugt, daß ich aus Angst davor meine unbeholfenen Versuche, Geschichten zu erzählen, sofort abgebrochen hätte.

Musik spielte für mich in meiner Jugend die gleiche Rolle, wie sie das Fernsehen für heutige Kinder spielt. Mutter und Tante Anna hatten in einem Kindergarten gearbeitet, und ich erinnere mich, wie sie die Lieder sangen, die sie die Kinder damals lehrten. Als ich alt genug war, um am Harmonium sitzen und die Pedale mit meinen Füßen bewegen zu können, sorgte Tante Jans dafür, daß einer ihrer Soldaten Nollie und mir Musikstunden gab.

In unserem Hause wurde gern gesungen. Nollie hatte eine volle Sopranstimme, Willem sang Tenor und ich Alt. So übten wir den Bach-Choral »Seid froh, dieweil . . .« ein. Ich liebte Bach, auch als ich älter wurde.

Eines Tages rief Vater uns und sagte: »Morgen abend gehen wir in die St. Bavo zu etwas ganz Großartigem!«

Ich konnte mir nicht denken, was noch schöner sein könnte als so manche Konzerte, die wir schon in Onkel Arnolds Kirche gehört hatten. Dadurch, daß er Küster war, bekamen wir die besondere Erlaubnis, die Konzerte zu besuchen. Wir saßen dabei auf einer Bank neben der Tür, die seine Wohnung von dem Kirchenraum trennte. Nur Leute mit Geld konnten sich diese schönen Konzerte leisten, und ohne Onkel Arnold hätten die Mitglieder der Familie ten Boom selten diesen Reichtum genießen können.

»Zieht euch warm an«, ermahnte uns Mutter, als wir uns für diese geheimnisvolle »Überraschung« fertig machten.

Die St. Bavo war ein großes, ungeheiztes Gebäude. Wer es bezahlen konnte, hatte Fußwärmer. Für Onkel Arnolds Verwandte gab es nur die harte Holzbank mit der kalten Mauer im Rücken.

Wir waren fertig, voller Vorfreude auf Vaters »Großartiges«, und gingen am Haupteingang vorbei und durch die Seitentür in die Kirche. Der Geruch von Feuchtigkeit und Staub, von Gaslampen und glühenden Kohlen in den Fußwärmern war so vertraut, und die Erregung wuchs. Wir setzten uns. Vater wickelte Mutter in eine Wolldecke und legte ihr ein Kissen in den Rücken, damit sie bequemer sitzen konnte.

Ein hagerer Mann mit wirrem, grauem Haar und einem herabhängenden Schnurrbart ging an uns vorbei und stieg dann hinauf zu der weltberühmten Orgel. Ich hatte mir diese einmal angesehen und mich gefragt, wie jemand auf so vielen Manualen und mit achtundsechzig Registern spielen könnte. Man hatte uns erzählt, daß Mozart auf dieser Orgel spielte, als er zehn Jahre alt war.

Es dauerte nicht lange, bis wir wußten, weshalb dieser Abend so etwas Besonderes war. Ich hielt den Atem an, als Albert Schweitzer ein Praeludium von Bach spielte. Er war, was Orgelmusik betrifft, Fachmann und ein Organist, der die Kathedrale mit erlesen schönen Klängen füllen konnte. Tagsüber war die St. Bavo innen und außen eine Komposition von Grau, aber abends, wenn die Gaslampen eine rembrandtartige Beleuchtung gaben und die Säulen in geheimnisvollem Licht in die Höhe strebten, kam ich mir in dieser Atmosphäre von Harmonie wie im Himmel vor. Ich dachte, so schön müßte es in der Ewigkeit sein.

Albert Schweitzer, der Philosoph, Arzt, Schriftsteller und Theologe, war als Missionsarzt nach Afrika gegangen und hatte dort ein Krankenhaus und eine Aussätzigenstation gebaut. Als er in der ganzen Welt berühmt wurde, dachte ich oft daran, wie ich ihn das erste Mal Bach spielen hörte und wie sehr Vaters »Überraschung« dazu beigetragen hat, daß ich mein Leben lang die Musik geliebt habe.

Voller Ungeduld, Geduld zu lernen

Wir werden nicht als geduldige Menschen geboren, und ich glaube, daß Gott anfing, mich Geduld zu lehren, als ich fast siebzehn Jahre alt war. Da ich die Jüngste in der Familie war, blieb ich lange kindlich. Ich liebte das Leben heiß und wollte am liebsten alles, was man nur irgend erleben konnte, in jeden Tag hineinpressen.

Da kam ein schwerer Schlag, der mich so zu Boden warf, daß ich glaubte, ihn nicht überleben zu können.

Einige Wochen lang hatte ich etwas Fieber. Eine Zeitlang gelang es mir, zu verheimlichen, wie ich mich fühlte; aber bald fiel Mutter meine Mattigkeit auf, und sie rief den Arzt. Er untersuchte und beklopfte mich, horchte und fragte und erklärte dann, ich hätte Tuberkulose.

Todesurteil! »So jung«, dachte ich . . . »weshalb will mich Gott bei sich haben, wo es doch auf Erden soviel für mich zu tun gibt?«

»Corrie, du mußt ins Bett, bis das Fieber vorüber ist«, erklärte der Arzt. In jenen Tagen war Tuberkulose so schrecklich wie Krebs heute. Ich weinte und ging, ohne mich umzusehen, langsam die Treppe hinauf. Es war mitten am Tage, und es kam mir so fremd vor, mich auszuziehen und ins Bett zu gehen!

Ich rief zum Herrn: »Warum muß ich krank sein, Herr? Ich will leben! Ich will gesund sein!« Es dauerte viele Tage, bis ich mich fügen und es akzeptieren konnte. Ich mußte sicherlich lernen, was im Kolosserbrief steht:

> »Wir beten, daß ihr aus Gottes unbegrenzten Quellen gestärkt werden möget, so daß ihr jedes Erlebnis ertragen und darin mutig ausharren könnt. Ihr werdet Gott sogar in Schmerzen und Tränen danken können . . .« (1,11.12; nach J.B. Phillips).

Trotz Tränen und Auflehnung dankte ich ihm, aber ich konnte nicht begreifen, weshalb er wollte, daß ich im Bett liegen sollte, von den Wänden meines Zimmerchens eingeschlossen.

Im Anfang kamen viele Besucher zu mir, aber nach einigen Monaten vergaßen mich manche. Ich fing an, mich selbst zu bemitleiden, und wurde rebellisch. Jeden Tag aber betete ich um Frieden für mein Herz und endlich kam der Augenblick, wo ich sagen konnte: »Ja, Herr, du weißt es am besten.«

Damals war Willem Theologiestudent an der Universität in Leiden. Er mußte ein Examen in Kirchengeschichte machen und war an den Wochenenden oft zu Hause.

»Ich behalte die Dinge besser, wenn ich sie unterrichte. Was meinst du, Corrie, wenn ich dir einige Bücher gebe? Willst du sie dann studieren?«

Es war nicht das erste Mal, daß ich ihm auf diese Weise helfen mußte. Um etwas Geld zu verdienen, gab er, als er noch in die Schule ging, einem sehr unwilligen Schüler lateinische Stunden. Jeden Morgen von 7 bis 8 unterrichtete er ihn, und ich gesellte mich zu ihnen. Wenn der Junge nicht zuhörte und durchaus nicht mitarbeiten wollte, dann unterrichtete Willem mich in Latein. Ich liebte diese Stunden und wußte, daß mein Bruder ein guter Lehrer war.

In jenen Monaten des Eingeschlossenseins bekam ich eine große Liebe für Kirchengeschichte, und das lenkte meine Gedanken von der Krankheit ab.

Der Arzt besuchte mich nicht oft. Er wußte, daß Ruhe das einzige Heilmittel sei, und er sagte zur Familie, daß ich das Bett nicht verlassen dürfe, bis ich kein Fieber mehr hätte. Eines Tages ging er an meinem Zimmer vorbei, nachdem er Tante Bep, die sehr alt und schwach war, besucht hatte, und ich rief ihn.

»Herr Doktor, ich habe Schmerzen im Unterleib, hier«, sagte ich und wies auf meine rechte Seite. Er untersuchte mich und stellte eine Blinddarmentzündung fest. Ich glaube nicht, daß sich jemals ein Mensch so über eine Blinddarmentzündung gefreut hat! Nachdem ich fünf Monate eingeschlossen gewesen war, verließ ich das Bett, wurde operiert und konnte in die wunderbare Welt zurückkehren.

In der Welt, aber nicht von der Welt

Bis zu jener Zeit war die Welt um mich herum sehr klein. Sie bestand aus den Straßen und Gassen Haarlems. Außerdem gab es noch einige kurze Reisen mit Vater nach Amsterdam und ab und zu einen Besuch bei Freunden in einem benachbarten Dorf.

Ich wollte allmählich außerhalb der schützenden Mauern der Beje »jemand« werden – ich wollte mehr wissen von der Welt jenseits der Barteljorisstraat. Ich hatte durchaus nicht den Wunsch, Länder und Leute zu sehen, von denen ich in meinem Geographiebuch gelesen hatte, aber ich wollte doch wenigstens das Leben außerhalb des Ladens kennenlernen.

War das verkehrt? Ich kämpfte mit diesem ehrgeizigen Wunsch und beschloß, Frau van Lennep, deren Bibelstunden ich besuchte, danach zu fragen. Sie war eine verständnisvolle Frau und konnte einem gut raten. Sie sagte: »Corrie, es ist ganz normal, daß du dieses Gefühl hast. Du kannst durch die Kraft des Herrn etwas in der Welt tun.«

Das erste, was ich tat, war, vielerlei intensiv zu studieren. Ich erhielt Diplome für Haushaltskunde, Kinderpflege, Handarbeiten und anderes mehr. Das war später eine gute Grundlage für meine erste Stelle.

Ich bekam Gelegenheit, »in die Welt hinaus« zu gehen. Von einem der Mädchen in der Schule hörte ich, daß die Familie Bruins, die in einem sehr schönen Hause wohnte, jemand gegen freie Wohnung und Verpflegung für ihr Töchterchen suche. Eine solche Stelle war eine

Kombination von Erzieherin und Gesellschaftsdame. Ich wußte, daß Tante Bep in ihrer Jugend so etwas gewesen war, und sie war eine einsame und ziemlich harte, alte Frau geworden; aber das nahm mir nicht die Begeisterung für das, was ich für ein neues Abenteuer hielt.

Vater und Mutter gaben mir ihre Erlaubnis. Ich packte meine wenigen Habseligkeiten in einen kleinen Koffer und zog mit großen Erwartungen nach Zandvoort, etwa 12 km von Haarlem entfernt.

Der Gegensatz zwischen dem Leben zu Hause und meiner neuen Stelle wurde mir beim ersten Anblick des Hauses klar. Es war so groß! Wie war es möglich, daß nur eine Familie in einem Haus von dieser Größe wohnte?

Als ich meine Stelle antrat, versuchte ich, es der ganzen Familie recht zu machen. Zu Hause hatte ich immer Freude und Lachen, zusammen mit viel Liebe, gekannt. Draußen in der Welt war es nicht so. Zum ersten Mal sah ich mich einer anderen Denkweise, einem anderen Familienleben gegenüber, als ich sie bis jetzt gekannt hatte.

Wenn dies der Weg war, »jemand« zu werden, war ich nicht so sicher, daß ich das wollte.

Am Donnerstag hatte ich meinen freien Tag, und es war mir ein großer Trost, zu meinem Religionsunterricht nach Haarlem fahren zu können. Da ich jede Woche nach Hause ging, wurde mir der Gegensatz zwischen der Geborgenheit in unserer Familie und dem Leben draußen in der Welt um so mehr bewußt. In mancher Hinsicht war es eine Enttäuschung für mich.

Ich hatte mir vorgenommen, als Haustochter mein Bestes zu tun. Oft wollte ich davonlaufen, aber ich war kein Drückeberger, und so blieb ich.

Eines Tages aber kam Willem nach Zandvoort mit der Nachricht, daß unsere älteste Tante, Tante Bep, gestorben sei. Sie war jahrelang krank gewesen, und Tante Anna hatte ihre Pflege ganz übernehmen müssen, nachdem ich fortgegangen war. Jetzt erzählte mir Willem, daß Tante Anna sehr müde sei und sich lange Zeit erholen müsse.

Ich sagte meiner Arbeitgeberin, daß ich sie sofort verlassen müßte, weil ich zu Hause gebraucht würde.

Endlich frei! In meinem Herzen hätte ich mich gern gefreut, daß ich nach Hause ging, aber unter diesen Umständen schien mir das doch nicht ganz passend zu sein.

Als Willem mein Köfferchen nahm und wir das reiche Haus verließen, bedauerte ich das gar nicht. Willem sagte: »Komm, wir gehen an den Strand – es ist ein so herrlicher Tag!« Und dann fing er an, mit lauter Stimme Bach zu singen.

Irgendwie hatte ich das Gefühl, daß es zwar erlaubt sei, innerlich froh zu sein, aber ich fand es nicht richtig, das zu äußern. »Willem, wie kannst du nur! Tante Bep ist gestorben, und du solltest dich doch nicht so freuen.«

»Selbstverständlich sollen wir uns freuen, Corrie! Ein Gotteskind ist ein Bürger des Himmels, und ein Christ soll loben und preisen, wenn jemand gestorben ist. Unser Schmerz um Tante Bep würde nur Egoismus unsererseits sein.«

Ich wußte, daß er recht hatte, und als wir in die Beje kamen, war Friede in unsern Herzen, weil wir wußten, daß Tante Bep eine herrliche, neue Wohnung im Himmel hatte.

Wie gut war es, wieder zu Hause zu sein! Hier war eine Harmonie, die so im Widerspruch zu der Atmosphäre in dem reichen Hause meiner früheren Arbeitgeber stand. Es wurde mir damals klar, weshalb Tante Bep so geworden war, wie sie war. Nur eine kurze Kostprobe von dem Leben, das sie geführt hatte, hatte mir mehr Verständnis dafür gegeben. Wir können nicht über einen anderen urteilen, ehe wir in seiner Haut stecken.

Die ewigen Arme

Es geschah so oft, daß mich die augenblicklichen Probleme, ob sie nun klein oder groß waren, überwältigten. Ich erinnere mich an eine Zeit, nicht lange nach Tante Beps Heimgang, als Mutter sehr krank wurde. Ich war in großer Sorge um sie, und außerdem wußte ich, daß innerhalb weniger Tage eine hohe Rechnung bezahlt werden mußte. Damals hatten die Leute anscheinend kein Bedürfnis, Uhren zu kaufen. Vater und ich besprachen die Situation im Eßzimmer.

Ich starrte auf die schwarz-rote Tischdecke, die frohe und schwere Zeiten gekannt hatte. Ich fühlte mich sehr niedergeschlagen. Alles ging schief, und mir schien, als könne nichts Gutes aus einer so entmutigenden Situation kommen.

»Vater, was sollen wir tun? Alles ist so schrecklich!«

»Corrie, vergiß nicht: Unter uns sind die ewigen Arme. Wir werden nicht fallen.«

Ich kannte den Ausdruck nicht und fragte: »Steht das in der Bibel?«

»Gewiß. Mose sagte das zu den Kindern Israel.«

»Was hilft uns das aber jetzt?« fragte ich rebellisch.

»Kind, das gibt der Sache ein ganz anderes Gesicht. Im 5. Buch Mose heißt es, daß Gott eine Wohnung ist. Wir haben die Verheißung, geborgen zu sein, wenn seine Arme unter uns sind, uns festhalten, uns tragen, uns stärken.«

Dreißig Jahre später lag ich auf einer schmutzigen Matratze im Konzentrationslager. Es war stockdunkel, und in dem Raum, wo es nie still war, lag Betsie so dicht neben mir, daß ich ihren Herzschlag spürte. Er war unregelmäßig und schwach.

Ich wollte ihr etwas Tröstendes sagen, bevor wir einschliefen, und plötzlich dachte ich an das Eßzimmer, die schwarz-rote Tischdecke und an Vater, der mit seiner ruhigen Stimme sagte: ». . . unter uns sind die ewigen Arme.«

»Betsie, schläfst du?«

»Nein, noch nicht«, sagte sie leise.

»Denk an das, was Vater uns sagte: ›Gott ist unsere Wohnung. Unter uns sind die ewigen Arme.‹«

Ich weiß es nicht sicher, aber ich glaube, sie lächelte in dieser dunklen Baracke.

»Oh, ja, Corrie . . . und sie werden uns nicht fallen lassen.«

8. Das Beste kommt noch

Unsere Interessen reichten über die Grenzen Hollands hinaus. Alle wollten wir mehr wissen über andere Länder, andere Sprachen und Menschen mit einer andersartigen Kultur. Dieses Interesse wurde durch Besucher aus vielen Ländern und durch das Lesen guter Bücher angeregt.

Als ich achtzehn oder neunzehn Jahre alt war, kam ein Mann nach Holland, der uns auf die Missionsarbeit aufmerksam machte. Er hieß Jan Willem Gunning, und er gründete den »Mission Study Advia«. Betsie, Nollie, Willem und ich nahmen teil an Gruppen, die er bildete. Während des Sommers gingen wir in ein Freizeitheim nach Lunteren. Das Haus war von Wäldern und Heideflächen umgeben. Es war äußerst interessant, richtige Missionare aus aller Welt kennenzulernen.

Am ersten Tage leitete ein älterer Missionar die Hunderte von Teilnehmern beim gemeinsamen Singen, und unsere Nollie wurde als Solistin gewählt.

»Nollie, ist das nicht großartig? Denke dir – du wirst für all die Menschen singen«, sagte ich.

»Oh, Corrie, erinnere mich nicht daran, sonst bringe ich keinen Ton hervor!«

Es war für uns alle ein neues Erlebnis. Wir hörten die Vorträge, und dann teilten wir uns in kleinere Gruppen auf. Wir suchten uns aus, was wir studieren wollten, und benutzten das Gelernte später in den wöchentlichen Zusammenkünften zu Hause. Studenten einer großen Missionsschule leiteten die Besprechungen, und wir freundeten uns mit manchen an.

Wir wußten, daß viele Mädchen sich für mehr als nur die Studiengruppen interessierten; die Studenten waren genauso neu und anders wie die Dinge, die wir lernten. Unglücklicherweise blieb nur wenig Zeit für Begegnungen übrig. Eigentlich war die einzige Zeit dafür zwei Stunden vor dem Frühstück. Ich konnte nie gut früh aufstehen, aber ich lernte, mich dieser Disziplin zu fügen, weil es günstig war für Freundschaften.

Ich schlief mit einem Strick um die Zehen. Wenn ein Junge mich abholen wollte und ich noch schlief, dann zog er an dem Ende des Stricks, der aus meinem Fenster hing, und ich war sofort wach. Es dauerte dann nicht lange, bis wir zusammen über die Heide wanderten. Wir sprachen über Missionsveranstaltungen und darüber, was wir mit unserm Leben machen wollten. Es war unschuldig genug – aber trotzdem nicht das, was ich Tante Jans von der Freizeit erzählen würde!

Ein junger Mann, Albert de Neef, war mit einem Mädchen befreundet, das nicht sehr kräftig war. Sie hatte sich von ihrem Arzt untersuchen lassen, um zu erfahren, ob ihre Gesundheit es ihr erlaube, nach Indonesien zu gehen. Aber während der Freizeit hörte sie, daß sie abgewiesen worden war. Die beiden waren sehr traurig, und deshalb luden wir das Mädchen ein, zu uns in die Beje zu kommen. Sie hatte so viel Spaß bei uns, daß sie ihre Enttäuschung fast vergaß. Ein Jahr später, während einer andern Missionsfreizeit, wurde sie abermals untersucht, und nun erhielt sie die Erlaubnis, aufs Missionsfeld zu gehen.

Dieser kleine Akt von Gastfreundschaft machte uns sehr beliebt bei den Missionsstudenten. Eine neue Welt öffnete sich für uns alle vier, als wir dann zu Hause eine Missionsstudiengruppe anfingen.

In diesen Freizeiten wurden wir gut ausgebildet. Damals ließ ich mir nicht träumen, was mir das Jahre später bedeuten würde, als ich für den Herrn umherreiste und in fünf Kontinenten Missionsfelder besuchte.

Über die Landesgrenzen hinaus

Mein Horizont weitete sich. Während der Missionsfreizeiten kamen wir mit Menschen aus der ganzen Welt in Berührung. Durch den Christlichen Verein Junger Männer in Haarlem bekamen wir eine weitere Gelegenheit, Menschen aus andern Ländern und anderen Denominationen kennenzulernen. Das Vereinsgebäude des CVJM war nur für Versammlungen bestimmt, aber Touristen aus anderen Ländern dachten, es sei ein Hotel. Der Leiter sprach kein Englisch, und oft brachte er Gäste in die Beje, weil er wußte, daß sie dort willkommen waren. Wir konnten uns im Englischen üben, und gleichzeitig vertiefte sich unser Interesse für die Weltsituation.

Ich erfuhr mehr von Christen, die in einigen Lehrmeinungen anderer Ansicht waren als wir. Als kleines Mädchen hatte ich immer gedacht, die Niederländische Reformierte Kirche habe als einzige die richtige Theologie. Andere konnten natürlich den Herrn Jesus auch lieben, das gab ich schon zu; aber sie hatten doch noch viel zu lernen!

Als mein Interesse für einen wirklich ökumenischen Glauben wuchs, erfuhr ich mehr von Christen, die um ihres Glaubens willen viel zu leiden hatten. Vater erzählte mir einmal von Christen in Rußland, die Stundisten genannt wurden. Sie liebten den Herrn und waren bereit, um Jesu willen zu leiden. Sie kannten die Bibel von der ersten bis zur letzten Seite und hatten strenge Vorschriften für ihren Lebenswandel.

Vater sagte: »Gott hat Rußland sehr gesegnet, indem er diese Christen hinschickte. Sie leben in dem großen Sibirien in einer Gemeinschaft, in der Junge und Alte lernen, Christus zu verherrlichen.«

Wenn wir hörten, daß Christen leiden mußten, konnten wir uns das schwer vorstellen, da wir in Holland frei waren.

Mehr als ein halbes Jahrhundert war vergangen, seitdem Vater von den Stundisten erzählt hatte. Ellen de Kroon, meine Reisegefährtin und Sekretärin, und ich fuhren nach Rußland. Wir kamen schließlich nach Tadschikistan, das nicht weit entfernt war von Sibirien. Dort fanden wir eine lebendige Kirche, die dem Herrn so ergeben war, daß sie ein Licht in dem dürren Lande war. Es waren Stundisten, und ich mußte an das, was Vater damals erzählte, denken.

Eine vom Alter gebeugte Frau, in deren Gesicht ein entbehrungsreiches Leben tiefe Spuren hinterlassen hatte, kam zu mir und sagte: »Corrie ten Boom, ich habe seit Jahren jeden Tag für Sie gebetet.«

Ich war erstaunt. »Woher wußten Sie denn etwas von mir?«

»Ich bekam einmal ein CARE-Paket aus Deutschland. Eins der Päckchen war in eine Seite einer christlichen Zeitschrift gewickelt, und da las ich von ihren Erlebnissen und der Arbeit, die Sie jetzt tun. Gott sagte mir damals, daß ich treu für Sie beten solle.«

Immer wieder staune ich, wie der Herr ein Band zwischen den Gläubigen webt und wie dieses Band die Kontinente mit den verschiedensten Völkern und Rassen umspannt. Der Mensch hat versucht, dieses geistliche Band durch große National- oder Welträte und organisierte ökumenische Bewegungen zustande zu bringen. Wenn aber der Geist des Herrn nicht anwesend ist, mißlingt dies immer.

Auch ein Mann aus Indien beeinflußte mein Leben in jener Zeit. Als Junge hatte er gelernt, Jesus zu hassen. Er wußte etwas über Gott, aber die Bibel der Christen war ein Buch, das er als eine einzige große Lüge ansah. Einmal nahm er eine Bibel und verbrannte sie. Er hatte das Gefühl, daß er dadurch öffentlich seine Verachtung für die Unwahrheiten, die sie seiner Meinung nach enthielt, zeigen konnte. Wenn Missionare an ihm vorübergingen, warf er mit Kot nach ihnen.

Es war jedoch eine schreckliche Unruhe in ihm. Er erzählte folgendes über sich selbst:

»Obwohl ich glaubte, eine sehr gute Tat getan zu haben, als ich die Bibel verbrannte, fühlte ich mich dennoch unglücklich. Nach drei Tagen konnte ich es nicht länger aushalten. Früh am Morgen stand ich auf und betete, daß Gott, wenn Er wirklich existierte, sich mir offenbaren solle. Ich wollte wissen, ob es ein Leben nach dem Tode, ob es einen Himmel gäbe. Das konnte ich nur erfahren, wenn ich starb. Deshalb beschloß ich, zu sterben.

Ich hatte vor, mich vor den Zug zu werfen, der an unserm Haus vorbeifuhr. Da geschah plötzlich etwas Ungewöhnliches. Das Zimmer wurde von strahlendem Licht erfüllt, und ich sah einen Mann. Ich dachte, es wäre vielleicht Buddha oder ein anderer Heiliger. Da hörte ich eine Stimme.

›Wie lange willst du mich ablehnen? Ich bin für dich gestorben; Ich habe mein Leben für dich gegeben.‹

Dann sah ich seine Hände – die durchbohrten Hände Jesu Christi. Dies war der Christus, von dem ich gedacht hatte, er sei ein großer Mensch, der einst in Palästina lebte, dann aber starb und verschwand. Doch jetzt stand er vor mir . . . und lebte! Ich sah, wie liebevoll er mich anblickte.

Vor drei Tagen hatte ich die Bibel verbrannt, und doch war er nicht zornig. Plötzlich fühlte ich eine Veränderung . . . ich erkannte ihn als Christus, den Lebendigen, den Heiland der Welt. Ich fiel auf die Knie und spürte einen wunderbaren Frieden, wie ich ihn nie vorher gekannt hatte. Das war das Glück, das ich so lange gesucht hatte!«

Als ich zum ersten Mal von Sadhu Singh hörte, war es, als ob immer mehr Geschichten in Umlauf kämen, bis es unmöglich war,

Wahrheit und Dichtung zu trennen. Dann kam er nach Holland, und Missionsfreunde baten ihn, ein Wochenende nach Lunteren zu kommen. Ich war so begeistert von der Möglichkeit, ihn sprechen hören zu können, daß ich hinfuhr, obwohl ich wußte, daß das ganze Haus belegt sei.

Mit einem Rucksack und einer Decke unter dem Arm kam ich dort an. Ein großer Student, namens van Hoogstraten, teilte die Karten für die Zimmer aus. Als er zu mir kam, sagte ich: »Ich habe nicht reserviert, aber ich kann im Freien schlafen. Ich möchte nur den Versammlungen mit dem Sadhu beiwohnen.«

Der Student lächelte ob meiner Entschlossenheit und sagte: »Fräulein ten Boom, Sie bekommen ein Zimmer. Sie sind willkommen hier.« Dieser Student wurde später Missionar, und während des Zweiten Weltkriegs starb er in einem japanischen Gefangenenlager. Die Freundlichkeit, die er mir damals zeigte, war eine seiner Charaktereigenschaften; und viele Jahre später wurde er seinen Gefängniswärtern zum Segen. Eine seiner Töchter, Connie, wurde später, als ich die Welt bereiste, für sieben Jahre meine erste Gefährtin.

Während dieses Wochenendes, als ich dem Sadhu zuhörte, war ich sowohl erstaunt als auch beunruhigt. Er erzählte von seinen Gesichten – daß er Jesus wirklich gesehen hätte – zu einer Zeit, als er noch nicht glaubte. Wir hatten alle von dem Erlebnis des Apostels Paulus auf dem Wege nach Damaskus gelesen, aber hier war nun ein Mann, der erklärte, dieselbe Erfahrung gemacht zu haben.

Ein junger Mann wagte es, die Frage zu stellen, auf die wir alle so gern die Antwort wissen wollten. »Bitte, sagen Sie uns doch, wie sah Jesus aus?«

Er legte die Hand vor die Augen und sagte: »Oh, seine Augen, seine Augen . . . sie sind so wunderbar.« Seitdem habe ich ein Verlangen, Jesu Augen zu sehen.

Keiner sprach oder bewegte sich. Das Gesicht des Sadhu war das christusähnlichste Gesicht, das ich je gesehen habe. Es machte mich gleichzeitig glücklich und traurig.

Nach der Versammlung wollte ich nachdenken und machte deshalb allein einen Spaziergang über die Heide. Ich versuchte, alles, was ich gehört hatte, zu verstehen, und prüfte mein eigenes Verhältnis zu Gott.

Ich war in Gedanken vertieft und stieß fast mit dem Sadhu zusammen, der auch spazierenging. Ich raffte allen Mut zusammen und fragte ihn einiges, merkte aber gleich, daß es sehr leicht war, mit ihm zu reden. Er nahm mir sofort alle Befangenheit.

»Bitte, Herr Sadhu, sagen Sie mir doch, was bei mir nicht stimmt. Ich bin ein Kind Gottes; ich habe Jesus als meinen Heiland angenommen, und ich weiß, daß meine Sünden vergeben sind. Ich weiß, daß er bei mir ist, denn er hat gesagt: ›Ich bin bei euch, bis ans Ende der Welt.‹ Aber ich habe noch nie ein Gesicht gehabt oder ein Wunder erlebt.«

Der Sadhu lächelte. »Manchmal kommen Leute zu mir, die ein Wunder sehen wollen. Das nächste Mal werde ich sie zu Corrie ten Boom schicken. Daß ich weiß, daß Jesus lebt und bei mir ist, ist kein Wunder . . . meine Augen haben ihn gesehen. Aber Sie, die ihn nicht gesehen haben, wissen, daß er bei ihnen ist! Ist das nicht ein Wunder des Heiligen Geistes? Lesen Sie doch in Ihrer Bibel, was Jesus in Johannes 20,29 zu Thomas gesagt hat: ›. . . selig sind, die nicht sehen und doch glauben!‹

Beten Sie nicht um Gesichte; er gibt Ihnen das sichere Wissen um seine Gegenwart ohne Gesichte.«

Welch eine Beruhigung! Es war, als ob der Herr einen Vorhang beiseite geschoben hätte und ich das Licht sehen könnte. Ja, es ist etwas Großes, daß wir wissen können, daß der Herr bei uns ist!

Paulus hat gesagt: »Ich weiß, an wen ich glaube.« Und Petrus – wie herrlich hat er es ausgedrückt: »Und obwohl ihr ihn nicht gesehen habt, weiß ich doch, daß ihr ihn liebt. Jetzt vertraut ihr ihm, ohne daß ihr sehen könnt und auch jetzt schenkt er euch eine Freude, die nicht in Worten ausgedrückt werden kann und in der etwas von der himmlischen Herrlichkeit anwesend ist: und fortwährend empfangt ihr die Wirkung eures Glaubens an ihn – das Heil eurer Seele« (1. Petr. 1,8.9, nach J.B. Phillips).

Mit andern teilen

Als ich nach diesen Tagen nach Hause kam, konnte ich es kaum erwarten, bis ich meine Erlebnisse erzählen konnte. Es war frühmorgens, und Tante Anna lag noch im Bett. Ich weckte sie und fing an, alles vor ihr auszuschütten, was geschehen war. Ich konnte nicht mehr aufhören.

Betsie und die andern hörten mich und kamen ins Zimmer. Wir saßen alle auf dem Bett. Ich versuchte, alles, was ich gehört hatte, wiederzugeben, und als ich schließlich einmal eine Pause machte, so daß jemand anderes etwas sagen konnte, bemerkte Tante Anna: »Es ist, als ob du einen der Jünger Jesu gesehen und gehört hättest.«

Vater sagte: »Ist es nicht etwas Wunderbares, hier auf Erden eine solche Freude zu erleben? Es ist ein kleiner Vorgeschmack des Himmels. Ja, das Beste kommt noch!«

Dies sagte Vater oft, wenn wir ein besonderes Erlebnis erzählt hatten.

Viele Jahre später, als Vater durch die Gefängnistür ging, sagte er: »Corrie, denke daran, das Beste kommt noch!« Zehn Tage später verließ Vaters Geist dieses Gefängnis und ging ins Paradies ein.

Das Beste war gekommen.

9. Liebe und Besonnenheit

Es war im Jahre 1909. Die Welt um uns herum brodelte vor lauter Veränderungen. Ein amerikanischer Entdeckungsreisender, Robert Peary, hatte den Nordpol erreicht; die unglückliche »Lusitania«, einer der größten und modernsten Ozeandampfer, fuhr in Pracht und Reichtum über den Atlantischen Ozean. Der russische Zar begann mit seinen Judenverfolgungen, während in Palästina ein junger Mann, David Ben Gurion, von der Rückkehr von Gottes auserwähltem Volk in das eigene Land träumte.

Im Anfang des 20. Jahrhunderts bahnte sich eine Flut wissenschaftlicher Entwicklungen und eine gesellschaftliche Revolution an. In Holland aber war unsere Aufmerksamkeit auf die Geburt eines Prinzenkindes, die Thronerbin Juliana, gerichtet.

Auf der Suche nach einem von Menschen hergestellten Frieden sammelten sich die Führer der Welt im Haag, um erneut ein internationales Gremium zu bilden, wo die Völker versuchen konnten, ihre Streitigkeiten zu begleichen.

Nollie, Willem, Betsie und ich waren junge Menschen, die sich intensiv mit den eigenen Aufgaben beschäftigten, die aber auch an andere dachten.

Nollie war von Natur aus zum Unterrichten begabt und wurde denn auch Lehrerin. Eine Zeitlang hatte sie in Haarlem einen kleinlichen, unangenehmen Schuldirektor. Es war traurig, jeden Sonntagabend zu sehen, wie niedergeschlagen unsere freundliche, fröhliche Nollie wurde, wenn sie an den nächsten Tag dachte, wo sie ihrem Direktor wieder begegnen mußte. Ihr Gesicht verdüsterte sich mehr und mehr. Sie wußte aber, daß die Kinder sie liebten, und deshalb machte sie die Arbeit in der ersten Klasse weiter.

Später kam sie in eine andere Schule in Amsterdam und mußte so zum ersten Mal ihr Zuhause verlassen. Sie lernte dort Flip van Woerden, der auch Lehrer war, kennen, und sie heirateten. Der Herr schenkte ihr sieben Kinder, und so konnte sie ihre mütterliche Begabung besser anwenden als in der Schule.

Mein lieber, fleißig studierender Bruder Willem mit dem gepflegten Bart und regen Geist lenkte unsere Gespräche zu Hause immer

1910: wir vier – Nollie, Corrie, Willem und Betsie

auf das Intellektuelle. Er sollte eigentlich Vaters Geschäft erben, fühlte sich aber durchaus nicht zur Uhrmacherei hingezogen, sondern studierte lieber Theologie. Vater zwang seine Kinder nicht zu einer Arbeit, die sie nicht liebten, und infolgedessen hatte Willem auch nie das Gefühl, Vater zu enttäuschen, indem er nicht in seine Fußstapfen trat.

Alle liebten wir die Musik, aber Willem hatte nur einen Lieblingskomponisten – Bach. Wir lernten Bach-Choräle singen, wie die meisten Kinder Kinderlieder lernten. Nollie sang Sopran, Willem Baß und ich Alt. Wie gut, daß wir einen Bruder hatten; denn Bach, von einem Frauentrio gesungen, würde etwas unbefriedigend geklungen haben!

Willem hatte nie eine Freundin. Als er daher eines Tages seinen Kommilitonen an der Universität erzählte, daß er Tine einen Antrag gemacht habe, sagte Karel, sein guter Freund: »Ich hätte nie gedacht, daß du heiraten würdest! Du hast ja nie ein Mädchen angeguckt.«

Als er zehn Jahre verheiratet war, wurde Willem als Pfarrer unter den Juden berufen. Er ging nach Dresden und studierte am Delitzschianum. Seine Dissertation schrieb er über Rassen-Antisemitismus. Dies mag manchen seiner Professoren nicht angenehm gewesen sein. Er schrieb, daß das schrecklichste Progrom in der Weltgeschichte in Deutschland stattfinden könnte. Das Erstaunliche ist, daß Willem seine Dissertation im Jahre 1930 einreichte, drei Jahre, ehe Hitlers Drittes Reich entstand.

Ich bewunderte meinen Bruder sehr und fragte mich manchmal, weshalb Gott mich nicht als intellektuellen Menschen geschaffen hatte. Vielleicht, dachte ich, kann er mein einfaches Denken irgendwie gebrauchen – allein, ich hatte keine Ahnung, wie!

Wenn ich Betsie ansah, geschah das meistens mit einem Seufzer. Betsie hatte schöne Locken, mein Haar war glatt. Betsie war ordentlich und liebenswürdig, ich war als »nachträglicher Einfall« zusammengesetzt. Ich liebte die sieben Jahre ältere Betsie sehr. Sie konnte keine schwere Arbeit leisten, da sie an Blutarmut litt. Trotzdem leistete sie sehr viel.

Betsie konnte ein ungemütliches Zimmer in ein fröhliches verwandeln. Sie konnte aus einem langweiligen Ereignis eine lustige, amüsante Erzählung machen. Als wir noch sehr jung waren, wurden wir schon mit Kunst in Berührung gebracht, und Betsie konnte eine Kunstausstellung zu einem ganz besonderen Genuß machen, wenn sie uns führte.

Wir hatten in Holland einen großen Reichtum an Kunstwerken alter Meister und waren stolz auf unser wertvolles Erbe. Wenn Betsie mich ins Frans-Hals-Museum in Haarlem mitnahm, wies sie mich auf die Schönheit eines jeden Meisterwerks hin.

»Sieh mal, Corrie, wie Hals die Gesichter malt! Ist das nicht wundervoll? Und guck mal, die Hände! Hast du je etwas Schöneres gesehen?«

Sie erklärte mir das außergewöhnliche Talent Rembrandts, indem sie mir zeigte, wie er den Charakter der gemalten Person zum Ausdruck brachte. Betsie konnte aufgrund des Besuchs einer Ausstellung so fesselnde Geschichten erfinden, daß ich kaum das nächste Kapitel erwarten konnte. Dadurch wurde meine Kindheit bereichert und mein Verständnis für klassische Kunst und Musik vermehrt. Betsie blieb immer im Hintergrund, sie war immer bereit, zu helfen und zu raten, und das mit einem feinen Sinn für Humor. Manchmal half sie Vater bei seinem Blatt, das er für Uhrmacher herausgab. Dann wurde ein trockener Bericht über den Besuch in einer Fabrik zu einer originellen, humoristischen Erzählung.

In unserer Kirche, der »Grote Kerk« oder St. Bavo, der wunderbaren alten Kathedrale, die in unserm Leben eine so große Rolle spielte, fand am späten Nachmittag ein Gottesdienst statt, der »Tagesgottesdienst« genannt wurde und etwa eine halbe Stunde dauerte. Meistens waren nicht mehr als zwanzig Besucher da, aber die Pfarrer mußten für die wenigen Getreuen den Gottesdienst abhalten. Weil es in der menschlichen Natur liegt, das, was man nicht gerne tut, zu vergessen, erschienen die Pfarrer manchmal nicht.

Als ich etwa zwanzig war, übernahm mein Vetter, Onkel Arnolds Sohn, das Amt seines Vaters und wurde Küster in der St. Bavo. Oft bekam ich einen Anruf von ihm: »Corrie, es ist kein Pfarrer für den heutigen Gottesdienst erschienen. Bitte, komm und hilf uns!«

Eines Tages, als er mit dieser Bitte kam, hatte ich besonders viel im Haus und im Geschäft zu tun und mir fiel nichts ein, was ich dieser kleinen Gruppe hätte bieten können. Ich lief schnell zu Betsie in die Küche, in der Hoffnung, daß sie eine Idee haben würde.

»Betsie, was soll ich den Leuten in der Kirche nur sagen?«

Ihre Antwort kam sofort. Es war, als hätte sie sich den ganzen Tag schon darauf vorbereitet. Während sie mir die Predigt erzählte, bürstete sie meinen Mantel ab, brachte mein Haar in Ordnung und besah kritisch mein Äußeres.

»Corrie, behalte den Mantel an, dein Kleid ist nicht allzu sauber. Nimm Ps. 23 als Text: ›Der Herr ist mein Hirte.‹ Weißt du, Schafe können sehr dumm sein. Manchmal entdecken sie gar nicht das Futter, das hinter ihnen liegt. Wir brauchen den Herrn genauso wie Schafe einen Hirten.«

Betsie sagte mir den ganzen Umriß der Predigt, während sie mich zur Tür brachte.

»Ich werde für dich beten. Ich bin gewiß, daß Gott die Botschaft segnen wird.«

Ich war schon halbwegs durch die kleine Gasse, als ich mich umdrehte und sah, daß sie noch in der Türe stand.

»Betsie, ich kann nicht denken . . . Welche Lieder soll ich singen lassen?«

»Frage sie einfach, was sie am liebsten singen möchten!«

An jenem Tage segnete Gott in der Kirche, während Betsie in der Küche unseres Hauses betete.

Sie war sauber und ordentlich in allem – in ihrem Äußeren, ihren Gedanken und in dem, was sie besaß. Jahre später ging ich im deutschen Gefängnis in Holland an ihrer Zelle vorbei. Wir waren in politischer Haft des Nazi-Regimes. Das Rote Kreuz hatte den Gefangenen ein Lebensmittelpaket geschickt, und auf dem kleinen Regal in der Ecke standen die Lebensmittel schön geordnet nebeneinander. Auf einem Stuhl lag ein Taschentuch und darauf stand eine Flasche mit zwei Tulpen, ein Geschenk des Richters, mit dem Betsie nach dem Verhör gebetet hatte. In dieser öden Umgebung war etwas von der Sauberkeit und Ordnung, die Merkmale von Betsies Persönlichkeit waren.

Obwohl wir alle unsere eigenen Interessen hatten, unternahmen wir als Familie auch gern etwas zusammen. Als unsere Eltern ihre silberne Hochzeit feierten, planten wir eine richtige Feier. Nollie, die Lehrerin, mußte für die Finanzen sorgen. Sie hatte so viel gespart, daß sie den Saal des CVJM mieten konnte. Wir sorgten für die Unterhaltung. Das kostete aber nichts – abgesehen von dem Preis an persönlichem Mut, den ich zahlen mußte, um vor all den Gästen aufzutreten.

Willem erschien als Johann Sebastian Bach, und er spielte seine Rolle würdig. Er war Musiker, und ich habe wahrscheinlich gedacht, es wäre leicht für ihn. Nollie, die sich gern verkleidete, war Sarah Bernhardt (weshalb hatte ich diese eleganten Manieren nie gelernt?).

Am Abend des Festtages hatte Mutter rote Backen vor Aufregung; ich fand, daß sie noch nie so schön ausgesehen hatte. Vater brachte sie in den CVJM, als ob er die Königin in eigener Person auf einen Ball begleite. Dutzende von Freunden, von den Reichen bis zu den Dienstboten, nahmen an dem Fest teil: Straßenverkäufer, Kunden, deren Uhren Vater reparierte und aufzog; Leute, denen Mutter Suppe und Trost gebracht hatte – alle kamen, um dem geliebten Uhrmacher und seiner Frau ihre Glückwünsche zu bringen.

Als das Fest sich dem Ende näherte, faßte ich endlich Mut, meinen Teil beizutragen. Willem stellte mich mit schönen Worten vor, und ich erschien in einer geborgten Heilsarmeeuniform. Ich weiß nicht mehr, ob sie paßte und ob ich gut sang, aber ich weiß, daß nach meinem ersten öffentlichen Auftreten meine Schüchternheit etwas nachließ.

Wir hatten alle vier unser Geld zusammengelegt, um für die Eltern silberne Serviettenringe zu kaufen. Willem hatte eine hebräische Inschrift hineingravieren lassen: »Der Herr ist gut. Seine Gnade währet ewiglich und Seine Wahrheit für und für.« Der Herr gab mir die Kraft, vor all diesen Leuten zu singen. Als ich siebzehn war, habe ich mir nicht träumen lassen, daß ich einst vor Tausenden sprechen würde. Seine Treue wächst wirklich »für und für«.

Ethik, Dogmatik und eine Badewanne

Im Jahre 1910 wurde in Haarlem eine Bibelschule eröffnet. Als ich den Lehrplan sah, war ich ganz außer mir. Es gab so vieles, was ich lernen wollte. Ich stürzte mich in dieses neue Unternehmen und belegte gleich sieben verschiedene Fächer auf einmal. Zwei Jahre lang mühte ich mich ab mit Ethik, Dogmatik, Kirchengeschichte, mit dem Alten und Neuen Testament und der Geschichte des Alten und Neuen Testamentes. Das wäre für eine gescheite Schülerin vielleicht nicht so schwer gewesen; aber das war ich nicht.

In dieser Zeit erlitt Mutter einen leichten Schlaganfall. Obwohl sie körperlich schwächer wurde, waren ihre Freundlichkeit und positive Einstellung nach wie vor eine Ermutigung für uns alle.

Als meine Arbeit zu Hause zunahm, wurde es schwieriger, mein Studium fortzusetzen. Endlich kam der Tag des Gerichts – das Examen. Der erste Teil war praktische Anwendung: Wir mußten unterrichten und Fragen der Schüler beantworten. Das verlief ganz gut für mich, und ich war voller Zuversicht, als ich vor dem Pfarrerkomitee erschien, das den zweiten Teil des Examens abnehmen mußte.

Ich wurde in einem Zimmer befragt, das mir an sich keine Angst zu machen brauchte. Es war das große Kirchenratszimmer an dem bekannten Flur in der St. Bavo. Dot und ich hatten als Kinder in diesem Zimmer gespielt. Aber als ich die eindrucksvollen Herren, die um den großen Tisch saßen, sah, sank mir der Mut. Die Feuerstelle an der einen Seite des Zimmers war so groß, daß ich mich dort hätte verkriechen können, aber ich war kein Kind mehr, das sich in der Garderobe versteckte, damit der Direktor es nicht sehen konnte.

Der Vorsitzende stellte mir die erste Frage: »Fräulein ten Boom, was haben Sie für Ethik studiert?«

»Ich habe zwei Jahre lang Unterricht bei Pfarrer Jansen gehabt . . .«, fing ich an, kam aber nicht weiter.

Die St. Bavo war immer ziemlich kalt, aber jetzt war es, als ob sich an der Decke Eiszapfen bildeten. Pfarrer Willemsen zog die Augenbrauen hoch und sah mich unbeweglich an. Er und Pfarrer Jansen hatten an derselben Universität studiert, und ihre Meinungsverschiedenheiten waren der ganzen Fakultät bekannt.

»Sie haben sonst nichts studiert?« fragte Pfarrer Willemsen verächtlich.

Die Spannung war fühlbar. Und ich war auch voller Spannung. Plötzlich wußte ich nichts mehr. Für sieben verschiedene Fächer bekam ich sieben ungenügende Noten!

Willem, weshalb hatte ich nicht deinen Verstand?

Als ich mit der Nachricht von meiner Niederlage nach Hause kam, war Betsie eine der ersten, die mich tröstete. Aber ich fand, daß sie mir nicht das verdiente Mitgefühl zeigte; denn sie sagte: »Du mußt das Examen noch einmal machen.« Etwas in der Art, wie sie das sagte, ließ mich meine Einwendungen unterdrücken.

»Corrie, wenn du ein Examen nicht bestanden hast, weißt du dein ganzes Leben lang, daß du versagt hast. Wenn du das Examen noch einmal machst, weißt du dein ganzes Leben, daß du es bestanden hast und das Diplom besitzt.«

Acht Jahre später machte ich das Examen noch einmal, und nun bestand ich es.

Aus meinen Bibelschulerfahrungen lernte ich die wichtige Lektion, daß wir in solch einem organisierten Studium die Weisheit der Weisen lernen, aber nicht viel von der »Torheit Gottes«.

Das meiste lernte ich beim Unterrichten. Ich konnte der Kirche dienen, indem ich Religionsunterricht gab und junge Menschen auf die Konfirmation vorbereitete. In der niederländischen Reformierten Kirche wird man konfirmiert, wenn man achtzehn Jahre oder älter ist. Auch durfte ich in nichtchristlichen Schulen Religionsstunden geben. Eltern, die ihre Kinder in solche Schulen schickten, konnten sie daran teilnehmen lassen.

Ich lernte, auf den Heiligen Geist zu hören, wenn ich diese Stunden vorbereitete; und wenn ich zu den Kindern und jungen Leuten sprach, waren meine »Unterrichtsstunden« mehr ein Gespräch mit ihnen, als daß ich ihnen erzählte, was ich wußte. Es war eine Freude, auf diese Weise die Realität des Evangeliums kennenzulernen. Daß ich mit Vater und den andern über meine Erfahrungen sprechen konnte, war eine weitere Übung. Neben diesem wichtigen Ergebnis jener fruchtbaren Zeit machte ich die mir neue Erfahrung, daß ich etwas Geld dafür bekam, und ich beschloß, dieses besondere Einkommen für einen ganz besonderen Zweck zu sparen.

Als ich älter wurde, gab es einen Luxus, den ich mir wünschte: ein Wasserklosett. Wir hatten natürlich Toiletten, eine oben und eine unten, aber diese »bequemen Einrichtungen« mußten jeden Monat von der Stadtreinigung geleert werden. Während ich mein kleines Gehalt für die Bibelstunden sparte, sah ich voller Erwartung dem Tag entgegen, wo ich der Beje zwei bequeme Einrichtungen aus Porzellan verschaffen konnte.

Danach – ein ganz besonderer Luxus! – sparte ich für eine Badewanne! In jedem Zimmer gab es eine Waschschüssel. Aber wir waren im Winter sehr sparsam mit der kostbaren Wärme, und an vielen Morgen mußten wir zuerst das Eis zerbrechen, bevor wir unser Gesicht befeuchten konnten.

Als mein Badewannenfonds groß genug war, um diesen wundervollen Gegenstand zu kaufen, gab es einen aufregenden Tag in der Beje. Die Badewanne hatte auch einen gasgeheizten Wassererhitzer, so daß man kein Eisbär zu sein brauchte, um sauber zu werden. Wir ließen eine Erhöhung unter der Badewanne bauen, so daß das Wasser abfließen konnte.

All die vielen Stunden, in denen ich mich mit Ethik, Dogmatik und allem andern abgeplagt hatte, um unterrichten zu können, waren solch einen großartigen materiellen Besitz wert. Wie sehr habe ich die Badewanne genossen!

Vaterlandsliebe und Gebet

In unserer Familie war es genauso selbstverständlich, von den Wahrheiten der Bibel zu sprechen wie von Sport und den Tagesereignissen. Es war auffallend, wie viele Menschen verschiedener Art Vater für seine Bibelstudiengruppen fand. Seine Bereitschaft, andern seine Zeit zu widmen, machte ihn so reich an Freunden.

Drei Jahre lang hatte er jeden Samstagabend einen Gebetskreis in Heemstede, einem benachbarten Dorf. Vater, Betsie und ich fuhren mit der Straßenbahn dorthin, bei Hitze und Kälte, durch Regen und Schnee. Es war ein fester Bestandteil unseres Lebens.

1914. Der Krieg brodelte an allen Seiten um unser kleines Land. Jede Nation hatte seit Jahrzehnten versucht, den eigenen Reichtum und die eigene Macht zu vergrößern, und die Drohung eines Zusammenstoßes wurde Wirklichkeit. Seit der Friedenskonferenz im Haag waren erst fünf Jahre vergangen, und doch war es, als ob alle Großmächte meinten, durch Drohungen und Gewalt das erreichen zu können, was sie gern haben wollten. Die Welt befand sich mitten in einem schrecklichen Angstspiel.

Nachdem der österreichische Kronprinz, Erzherzog Franz Ferdinand, und seine Gemahlin ermordet worden waren, erklärte ein Land nach dem andern den Krieg.

Vater betete weiter für die Königin und die holländische Regierung, wie er es immer getan hatte. Wir waren sehr vaterlandsliebend und Königin Wilhelmina und ihrem ersten Minister, Abraham Kuyper, der auch ein Theologe von Ruf war, treu ergeben.

In unserm Gebetskreis entstanden allmählich verschiedene Ansichten. »Casper, es ist nicht recht, für die Regierung zu beten«, sagten manche. »Die Welt ist böse – Satan ist der Fürst dieser Welt, und wir sollen nur auf das Reich Gottes sehen.«

Aber Vater sagte: »Als Christen sind wir in der Welt, aber nicht von der Welt. Wir sollen unser Land nicht dem Feind übergeben, denn dann würden wir dem, was in 1. Timotheus 2,1.2 steht, nicht gehorchen. Da heißt es: ›So ermahne ich nun, daß man vor allen Dingen zuerst tue Bitte, Gebet, Fürbitte und Danksagung für alle Menschen, für die Könige und für alle Obrigkeit, auf daß wir ein ruhiges und stilles Leben führen mögen in aller Gottesfurcht und Ehrbarkeit.‹«

Als sich im Ersten Weltkrieg Woche an Woche und Monat an Monat reihte, wurde es den Pietisten unter uns immer ungemütlicher, als Vater, Betsie und ich weiter für unsere Regierung beteten. Der Unterschied in diesen wesentlichen Glaubensdingen trennte unsern

Gebetskreis. Die andern zogen sich immer mehr in ihr geistliches Schneckenhaus zurück, bis wir nicht mehr zusammen beten konnten.

Über die Grenzen dieser Welt hinaus

Vater war nicht streitsüchtig, was seine biblische Überzeugung betraf, aber bei theologischen Debatten blieb er fest auf seinem Standpunkt stehen, vor allem Tante Jans gegenüber. Sie hatten manchmal ziemlich lebhafte Auseinandersetzungen, die Mutter und ich nicht liebten.

Vater war Calvinist, und ich hörte ihn oft von der Gnadenwahl sprechen. Ich wußte nicht recht, was er meinte, und eines Tages fragte ich ihn: »Was ist eigentlich Gnadenwahl?«

Er antwortete: »Der Grund, auf den ich meine Hoffnung baue, liegt nicht in mir selbst, sondern in Gottes Treue.«

Das war eine Antwort, die mir gefiel, und in späteren Jahren habe ich sie oft weitergegeben.

Eine der größten Meinungsverschiedenheiten zwischen Vater und Tante Jans betraf Glauben und Werke. Im Philipperbrief steht: »Also, meine Lieben, wie ihr allezeit gehorsam gewesen seid, so seid es nicht allein in meiner Gegenwart, sondern nun auch vielmehr in meiner Abwesenheit und schaffet, daß ihr selig werdet mit Furcht und Zittern. Denn Gott ist es, der in euch wirkt beides, das Wollen und das Vollbringen, zu Seinem Wohlgefallen« (2,12.13).

Vater betonte mehr: »Es ist Gott, der in euch wirkt . . .« und Tante Jans: »Schaffet, daß ihr selig werdet.« Ich glaube, daß ihre Angst vor dem Tode wohl die Folge davon war, daß sie nicht völlig davon überzeugt war, genug für Gott gearbeitet zu haben.

Die große Reise

Eines der größten Rätsel, die ich mit Vater besprach, war, weshalb Tante Jans, eine vollmächtige Evangelistin, eine Frau, die mit großem Eifer vom Herrn Jesus sprach und schrieb, solche Angst vor dem Sterben hatte. Als die Zeit kam, da wir wußten, daß sie nicht mehr lange auf Erden sein würde, wußten wir nicht, wie sie darauf reagieren würde.

Vater hatte Tante Jans lieb wie wir alle, trotz ihrer manchmal schroffen Haltung und ihres Hangs zum Diskutieren.

»Jans«, Vater streichelte ihre runzlige Hand und lächelte in ihr nicht mehr so strenges Gesicht. »Bist du bereit für die große Reise? Der Arzt hat gesagt, es würde wohl nicht allzulange mehr dauern, bis du uns verlassen wirst.«

Tante Jans' Gesicht leuchtete auf. »Jesus hat gesagt: ›Ich gebe meinen Schafen das ewige Leben.‹ Das ist gut . . . Ich kann nichts mehr tun . . . Ich bin geborgen in den Händen des guten Hirten, der sein Leben für uns gegeben hat. Er hat im Hause des Vaters für mich eine Wohnung bereitet.«

Als ihre Todesstunde kam, nahm Gott ihre Angst hinweg.

Am Tag ihres Begräbnisses war das Haus voller Menschen, die erzählten, wie der Herr sie gebraucht habe, sie zu ihm zu führen. Wir sagten ihnen, wie freudig sie gewesen sei und daß die Furcht vor dem Tode von ihr genommen worden sei in dem Augenblick, als sie wußte, daß sie sterben werde. Eine Freundin von ihr, eine Krankenschwester, sagte: »Ich bin so froh, das zu hören. Oft frage ich mich, ob der Teufel in meiner Todesstunde mir die Gewißheit der Seligkeit rauben wird. Ich habe so viele Christen gesehen, die in Todesangst, von Furcht überwältigt, starben, obwohl ich wußte, daß sie Gotteskinder waren.«

Eine andere Krankenschwester, die auch gekommen war, ihrer Freundin das letzte Geleit zu geben, hatte einen guten Rat. »Sag' doch dem Herrn, daß du diese Angst hast – und bete, daß, wenn deine Todesstunde kommt, Jesus dich vor jedem Angriff des Feindes schützen und dich deutlich seine Gegenwart spüren lassen möge. Er hat gesagt: ›Ich bin bei euch alle Tage bis an das Ende der Welt.‹ Dieses Gebet wird erhört werden. Ich habe auch viele Menschen sterben sehen. Alle, die vorher dieses Gebet gebetet hatten, starben in großem Frieden und in der Gewißheit der Gegenwart Jesu und seines Heils. Ich konnte es an ihrem Gesichtsausdruck sehen.«

Als die zweite Tante in unserer Familie starb, dachte ich öfter über Zeit und Ewigkeit nach. Wir sind Himmelsbürger – unsere Zukunft reicht über diese Welt hinaus. Ich weiß, daß die Bibel wahr ist, wenn sie sagt, daß Gott uns nicht einen Geist der Furcht, sondern der Kraft und der Liebe und der Zucht gegeben hat.

Ihre stille Liebe

Eines Morgens sprach ich mit Vater über die Möglichkeit, fürs Geschäft einige zugkräftige Zeitungsanzeigen zu machen, als ich etwas fallen hörte. Ich rannte in die Küche und sah, daß Mutter neben dem Ausguß zusammengesunken war. Ein großer Kessel war auf den Boden gefallen. Ihr linker Arm hing schlaff herunter, und sie versuchte sich festzuhalten.

»Mama, komm, setz dich!« Ich half ihr, sich auf einen Stuhl zu setzen, und lief dann schnell zu Vater.

»Komm rasch! Es ist etwas mit Mutter passiert.«

Vater eilte in die Küche und legte seine Arme um sie. Sie blickte auf und flüsterte kaum hörbar: »O Cas, wie glücklich sind wir zusammen gewesen!«

Sie dachte, sie würde jetzt heimgehen. Wir stützten sie und brachten sie in ihr Zimmer. Als der Arzt sie untersucht hatte, tröstete er uns, daß ein Schlaganfall gefährlich sein könne, aber in den meisten Fällen nicht so schlimm sei. »Einer meiner Patienten erlitt einen Schlaganfall und fuhr später noch dreimal in die Schweiz. Frau ten Boom kann gut noch acht oder zehn Jahre leben.«

Mutter konnte ihre Glieder nach dem nächsten Schlaganfall nie mehr völlig gebrauchen, und während ihres weiteren Lebens beschränkte sich ihr Sprechen auf ein Wort: »Corrie.« In dem einen Wort, in einer Kopfbewegung, in dem Öffnen oder Schließen der Augen sahen wir den Ausdruck ihrer Liebe und wurden dadurch bereichert.

Wir erfanden eine Verständigungsmöglichkeit, indem wir ihre Gedanken zu erraten versuchten, und sie dann mit einer Kopfbewegung antwortete.

Es war immer eine Freude, bei ihr zu sein – und meine eigene Einstellung besserte sich während der drei Jahre, die Gott Mutter nach dem schweren Schlaganfall noch bei uns ließ. Ich begriff etwas von dem, was im Römerbrief steht: »Denn ich halte dafür, daß dieser Zeit Leiden der Herrlichkeit nicht wert sei, die an uns soll offenbart werden« (Römer 8,18).

Gottes Herrlichkeit leuchtete durch Mutter hindurch.

10. Hilfeleistung

Nach dem Ende des Ersten Weltkriegs war Europa ruiniert. In den vom Krieg betroffenen Ländern herrschte Hungersnot. Aber auch die Hoffnung lebte wieder auf. »Macht die Welt sicher durch die Demokratie« war die Losung der Alliierten. Das Mitgefühl Amerikas und der Siegervölker, das darin zum Ausdruck kam, daß sie Lebensmittel und sonstige Hilfe schickten, rettete Millionen das Leben.

Wir in Holland waren dankbar, daß die Schrecknisse des Krieges uns erspart geblieben waren. Aber wir wollten denen, die nicht so glücklich waren, helfen. Was konnten die ten Booms tun?

Deutschland war ein verwundetes Land. Viele Kinder waren unterernährt und litten unter den Folgen des Mangels. Wir suchten nach Wegen, für diese Kinder in Holland ein Zuhause zu finden, wo sie sich bei guter Ernährung und Pflege erholen konnten, ehe sie wieder heimfuhren. Da Vater viele Uhrmacher kannte, besprach er mit mir, wie wir den Kindern deutscher Uhrmacher helfen könnten.

Vater war Vorsitzender des internationalen Uhrmachervereins. Er war dies nicht nur auf Grund der Achtung, die andere in diesem Beruf für ihn hatten, sondern auch weil er gern arbeitete und seine Versprechen hielt. Nach dem Krieg setzte er sich mit Uhrmachern in ganz Holland in Verbindung und fragte sie, ob sie für eine gewisse Zeit ein deutsches Kind aufnehmen wollten.

»Warum nimmst du nicht selbst eins, Vater?« fragte ich.

Vater war realistischer. »Warte nur, Corrie! Viele haben zugesagt, ein Kind zu nehmen, aber nicht jeder wird sein Versprechen halten. Wir können uns nicht auf alle verlassen. Es wird Kinder geben, für die ich dann keine Familie habe, und die können wir nehmen.«

Als der Tag kam, an dem die Kinder eintreffen sollten, gingen Vater, Betsie und ich zum Bahnhof, um darauf zu achten, daß jedes Kind in die richtige Familie kam. Welch ein Bild bot sich uns dar! Die Kinder standen an der einen Seite, schüchtern, traurig, ängstlich, und an der andern Seite standen die Erwachsenen voller Erwartung, welche Kinder ihrer Familie zufallen würden. Ein Name nach dem andern wurde aufgerufen. Dann trat jemand vor, um die armen kleinen Dinger willkommen zu heißen. Wir hatten versucht, die Kinder in Fami-

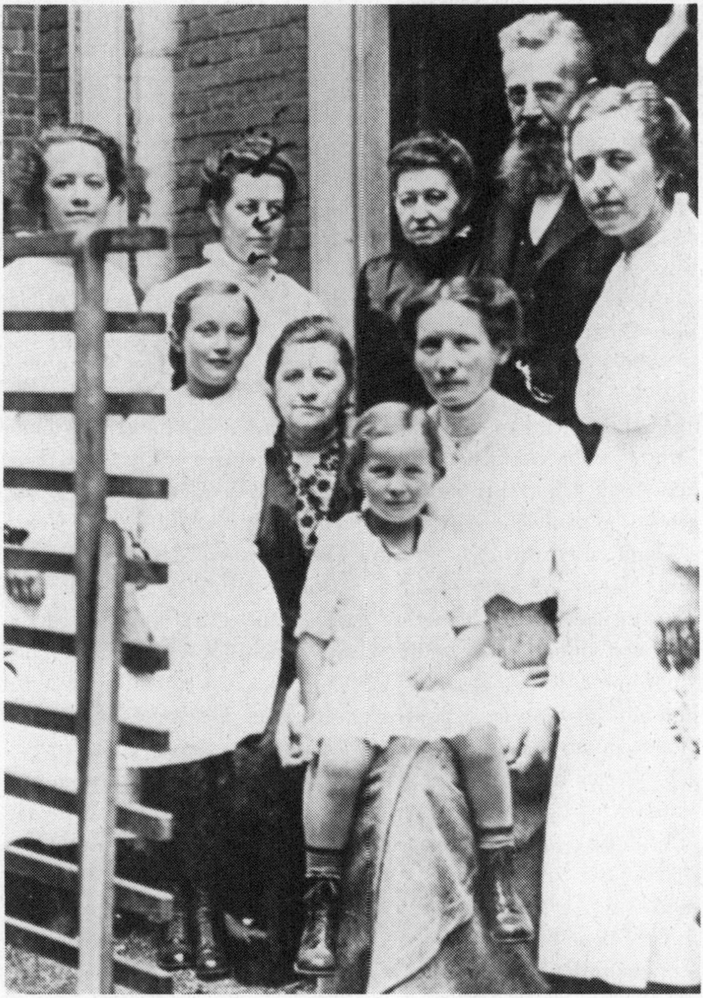

1918: Unterernährte Deutsche nach dem Ersten Weltkrieg. Frau Treckmann mit Ihren Kindern Ruth und Martha

lien, wo Mädchen und Jungen desselben Alters waren, unterzubringen. Ich hatte Mühe, meine Tränen zu unterdrücken. Unsere holländischen Kinder sahen so rotbäckig und gesund aus neben den blassen, unterernährten deutschen Kindern.

Es dauerte nicht lange, da waren alle untergebracht – das heißt, fast alle. Ich hatte ein kleines Mädchen beobachtet, das sich in eine Ecke des Wartezimmers drückte, als hoffe es, in der Wand verschwinden zu können. Jedesmal, wenn ein Name abgerufen wurde, versuchte es, sich mehr zurückzuziehen.

»Vater, guck mal, das Mädchen dort – steht niemand mehr auf der Liste für sie?«

»Mal sehen . . . nein, ich glaube nicht. Wir werden sie mitnehmen.«

Meine Gedanken fingen an zu arbeiten. Sie konnte in Willems Zimmer schlafen. Er hatte 1916 Tine, die Schwester unseres Arztes, geheiratet. Ich mußte nachsehen, ob wir etwas Kleidung für sie hatten – und vielleicht waren noch ein paar Puppen auf dem Boden.

Dann sahen wir noch ein Kind. Ein ärmlicher, kleiner Junge wartete gelassen auf jemand, der sich seiner erbarmen würde. Vater sah seine Liste durch und bemerkte, daß die Mutter der Familie, zu der er kommen sollte, krank geworden war. So nahmen wir Willi ebenfalls.

»Kommt, Kinder!« sagte Vater. »Ihr braucht eine gute Mahlzeit und ein warmes Bett.« Er streckte den zwei mageren Kindern seine Hände entgegen. Das eine war etwa zehn Jahre, das andere neun oder acht. Welch ein Bild! Vier spindeldürre Beinchen rannten, um mit Vater Schritt zu halten, als wir nach Hause gingen.

Willi war ein kleiner Straßenjunge aus Berlin. Das Haus der ten Booms, wie einfach es auch war, muß ihm wie ein Palast vorgekommen sein. Als die Kinder sich an den Tisch setzten und Tante Anna ihnen Suppe brachte, nahmen beide ihre Tassen und fingen an zu schlürfen. Was sie dabei verschütteten, bildete kleine Bächlein auf ihrem schmutzigen Kinn.

»Corrie, die beiden müssen ins Bad«, erklärte Betsie, obwohl das jedem, der sehen oder riechen konnte, klar war.

Willi sprach nur deutsch, aber das holländische Wort für Bad mußte er doch verstanden haben, denn er blickte erst Betsie und dann mich an. Es lag eine panische Angst in seinen Augen.

Vater spürte sofort, daß Willi dachte, diese zwei komischen Damen würden ihm die Schmach zufügen, ihn zu waschen.

»Komm, junger Mann, ich will dir die großartigste Erfindung dieser Zeit zeigen!«

Ich bin sicher, daß Willi nicht verstand, was Vater sagte, aber der Klang seiner Stimme und die Art, wie er ihn ins Badezimmer dirigierte, müssen ihm die Gewißheit gegeben haben, daß eine ganz besondere Freude seiner wartete.

Nachdem wir die Kinder ins Bett gebracht hatten, gingen Betsie, Vater und ich in Mutters Zimmer, um ihr von der Vergrößerung unseres Haushalts zu erzählen. Sie konnte kein Deutsch verstehen, aber in den Wochen, die folgten, beglückte es uns immer wieder zu sehen, wie sie die deutschen Kinder liebte und ihnen zu helfen suchte. Sie konnte einen Streit beenden, indem sie den Kopf schüttelte, und einen Schmerz stillen, indem sie die Hände ausstreckte.

»Ist es nicht herrlich, Kinder im Hause zu haben?« sagte Betsie. »Und welch ein Segen, daß wir Willi haben! Vater ist so in der Minderheit bei den vielen Frauen.«

Die nächste Herausforderung kam schon bald in Gestalt von Frau Treckmann und ihren zwei kleinen Mädchen. Wir kannten sie durch unsere Verbindung mit dem CVJM, und als sie schrieb, daß sie in sehr großer Not sei und ihre Kinder an Unterernährung litten, machten wir eine weitere Anzahl Betten zurecht.

Frau Treckmann war mehr unterernährt als ihre Töchter, Ruth und Martha. Ihr Gesicht war mager und trug die Spuren von der Not und den Mühsalen, die der Krieg in Körper und Geist der Menschen hinterläßt.

»O Herr«, dachte ich, »laß uns das nicht in Holland erleben! Ich glaube nicht, daß ich die Kraft hätte, meine Familie leiden zu sehen.«

Die beiden Mädchen waren während der Wochen, als ihre Mutter ebenfalls bei uns war, ziemlich schwer zu regieren. Ruth hatte Wutanfälle, die nicht nur eine Gefahr für meine Schlafzimmertür bedeuteten, wenn sie unbeherrscht dagegen trat, sondern auch für den Frieden in unserm Hause, wo es immer lebhaft zuging – jedoch ohne Mißklänge. Ihre Mutter reagierte auf diese Anfälle mit einigen festen Schlägen in Ruths Gesicht, was deren Aufsässigkeit noch vergrößerte.

Durch Frau Treckmann kamen wir mit der damaligen deutschen Auffassung von Disziplin in Berührung. Schlagen wegen jeder Kleinigkeit hatte ziemlich negative Resultate, denn Ruth reagierte mit weiteren Wutanfällen. Irgendwie lehrte Mutter Frau Treckmann ohne Worte, daß manchmal eine Tracht Prügel auf die Verlängerung des Rückens gesund, ins Gesicht schlagen aber nicht weise ist.

Schließlich fuhr Frau Treckmann nach Deutschland zurück. Ruth und Martha blieben mit Willi und Käthe eine ganze Weile bei uns. Das erste Mal, als Ruth wieder mit ihren Anfällen die Aufmerksamkeit auf sich lenken wollte, ignorierten wir sie, als sei sie nur eine Fliege, die um unsere tauben Ohren summte.

Schlagen war nicht nötig. Ruth und Martha wurden zwei der nettesten kleinen Damen, die wir je hatten.

Viele Jahre später bekam ich einen Brief von Ruth. Sie schrieb, daß sie einige meiner Bücher gelesen habe und sich an die Zeit bei uns erinnere. »Was war ich doch für ein ungezogenes Mädchen, und wieviel Liebe habe ich in Ihrem Hause empfangen!« schrieb sie. »Mein Mann und ich beten darum, daß wir die Liebe, die wir empfangen haben, an andere, die sie brauchen, weitergeben können. Der Herr ist unsere Stärke. Wie herrlich, das zu wissen!«

Es war achtundzwanzig Jahre später, und ich war in Deutschland. Wieder hatte ein Weltkrieg die Völker überwältigt, und jetzt wußte ich aus schrecklicher Erfahrung, aus erster Hand, was es bedeutete, meine Familie und Tausende von anderen Menschen leiden zu sehen, mehr noch als dies im Ersten Weltkrieg der Fall gewesen war.

Nach einer Versammlung in West-Berlin sah ich, wie ein gut gekleideter Herr mich anlächelte. Er kam mir bekannt vor. Natürlich – der kleine Straßenjunge mit seinem Berliner Platt und den schelmischen Augen!

»Tante Corrie, kennen Sie mich noch? Ich bin Willi, der vor vielen Jahren bei Ihnen war.«

Es war ein neues Licht in seinen Augen, und ich wunderte mich nicht, als er erzählte, was mit ihm geschehen war.

»Ich hatte nie vorher jemand in einem Hause beten hören. Ich wußte, daß die Leute in die großen Kirchen gingen und Gebete hersagten, aber als ich bei ten Booms war, hörte ich vor und nach jeder Mahlzeit Gebete und auch sonst während des Tages. Viele Jahre später habe ich Jesus als meinen Heiland angenommen, aber ich glaube, daß dies geschah, weil Sie die Samenkörner der Liebe in das Herz des mageren, ängstlichen Jungen aus Berlin pflanzten.«

Der traurigste Tag

Die Kinder aus Deutschland blieben eine Zeitlang. Sie wurden körperlich gesünder und kräftiger und kamen auch geistig voran. Dann kehrten sie in ihr Vaterland zurück. Während wir uns in jenen Jahren weiter entwickelten, wurde Mutter immer schwächer. Drei Jahre nach ihrem schwersten Schlaganfall – Jahre, in denen ihre Liebe und Geduld deutlicher sprachen als Worte – entglitt uns ihr physisches Leben. Vater sah, wie die Frau, die er so viele Jahre lang geliebt, die ihn so oft ermutigt hatte, in ihre himmlische Heimat ging.

Wir hatten soviel von ihr gelernt. Niemals drängte sie Vater, geschäftlich mehr zu erreichen; sie stützte und ermutigte ihn, welche Schwierigkeiten er auch immer hatte. Wenn das Geld knapp war, ließ sie das, was wir hatten, weiter reichen; wenn uns etwas mißlang, lehrte sie uns, es noch einmal zu versuchen.

Vater blickte auf die Frau, die er so sehr liebte. Er wußte, daß sie bei Jesus war und daß sie zum ersten Mal seit vielen Jahren keine Schmerzen hatte.

»Dies ist der traurigste Tag meines Lebens«, sagte er. »Herr, ich danke dir, daß du sie mir gegeben hast.«

Vaters Schmerz war groß, aber er gab sich nicht dem Selbstmitleid hin. Er wußte, wo Mutter war, und er wußte auch, daß das Werk des Herrn in dieser Welt weitergehen mußte.

11. Innerhalb und außerhalb des Uhrenladens

Fünf ... sechs ... sieben ... acht ... Die Uhren im Laden sagten mir, daß es acht Uhr morgens sei. Wie herrlich, den Tag so anfangen zu dürfen ... Die schöne friesische Uhr gab singend an, wie spät es war; die sonore Standuhr ließ ihren tiefen Ton vibrieren, und ein Dutzend oder mehr kleinere Uhren stimmten in den Chor mit ein. Ich summte leise eine Melodie, während ich das Feuer unter dem Wasserkessel schürte und eine Schnitte Weißbrot und eine Schnitte Schwarzbrot für Vaters Frühstück bereitlegte. In genau zehn Minuten würde er die schmale Treppe herunterkommen. Man konnte seine Uhr stellen nach der Zeit, zu der er jeden Morgen ins Eßzimmer kam.

Dies war der Tag, an dem Vater die Uhren in den Häusern seiner reichen Kunden aufziehen mußte. Sein Frühstück mußte zur bestimmten Zeit fertig sein; denn er war so pünktlich wie seine Uhren.

8.10 Uhr. »Guten Morgen, Corrie. Ich glaube, du hast schon allerhand getan.«

Er sah nach den Tüten, die vor der Schranktür standen, und wußte, daß ich die Mahlzeiten für den Tag vorbereitet hatte. Mit Fleisch, Gemüse, Kartoffeln und Kompott fing ich schon vor dem Frühstück an. Zuerst kam es in kochendes Wasser, und dann nahm ich die Pfannen vom Herd und benutzte eine ganz besondere Kochmethode. Jeder Topf wurde in sechzehn Zeitungsblätter und in ein Tuch gewickelt, wodurch die Wärme festgehalten wurde. Es war eine sehr praktische Art, Essen zu kochen.

Nach dem Frühstück und nachdem er gebetet hatte, ging Vater an unsere astronomische Uhr und verglich seine Taschenuhr mit ihr. Die Uhr war eindrucksvoll, größer als Vater, und ihre Präzision erforderte Synchronisierung mit der Marine-Sternwarteuhr in Amsterdam. Weder Kälte noch Hitze beeinflußten die astronomische Uhr.

»Mmmm ... zwei Sekunden vor«, sagte Vater. Er stellte seine Uhr genau, bevor er mit seiner Tagesarbeit anfing.

Sein Fahrrad wurde abgestaubt, er setzte den Hut auf, und dann fuhr er los durch die engen Straßen Haarlems, bis er die Häuser seiner

Kunden in den Vorstädten erreichte. Er war Aristokrat und Diener, ein würdiger Herr und der Vertraute der einfachsten Leute. In Holland gab es große Klassenunterschiede, aber für ihn war jeder Mensch wertvoll.

Während er durch die Straßen fuhr, grüßte er gar manchen Mitbürger und brachte bei windigem Wetter die Sicherheit seines Hutes in Gefahr. Wenn er atemlos, aber zur festgesetzten Zeit, beim ersten Haus ankam, ging er an die Hintertür, läutete und begrüßte das Dienstmädchen, das ihm die Türe öffnete.

»Hanna, wie freue ich mich, Ihr fröhliches Gesicht zu sehen«, sagte er so höflich, als ob er eine Königin begrüßte.

»O, Herr ten Boom, ich bin so froh, daß Sie kommen! Ich habe das Johannes-Evangelium gelesen, wie Sie mir sagten, und ich habe so viele Fragen.«

»Gut, Hanna, um 11 Uhr komme ich in die Küche zu einer Tasse Kaffee. Vielleicht möchten noch einige Dienstboten, daß wir zusammen sprechen.«

Vater gab jedem das Gefühl, wichtig zu sein, und in einem Haus, wo es zwölf oder vierzehn Dienstboten gab, war es schon möglich, daß ein Küchenmädchen und eine Kochgehilfin sich nicht besonders hoch einschätzten. Viele freuten sich die ganze Woche auf das Kommen des Uhrmachers.

Seine Kunden waren reich. Viele waren Importeure oder Besitzer von Zuckerplantagen in Indonesien. In einer Villa fragte ihn die Besitzerin, in welche Tanzschule er gehe, weil er sich so höflich verneigte.

Tanzschule! Was für eine Idee! Vater antwortete: »Ich habe nie tanzen gelernt und habe auch nie eine solche Schule besucht. Mein Vater hat mich gelehrt, wie man sich benimmt.«

Vater hatte keine spezielle Schulausbildung genossen. Er verließ die Schule, als er vierzehn Jahre alt war, um Großvater im Geschäft zu helfen. Eine Zeitlang besuchte er die Abendschule, aber was er gelernt hatte, war nicht allzuviel. Er hatte sich selbst unterrichtet, vor allem aus theologischen Büchern und Zeitschriften. Wenn Willem seinen Mitstudenten in der Universität manchmal Vaters Antwort auf ein Problem erklärte, fragten sie ihn: »Wo hat dein Vater Theologie studiert?«

Vater hatte einen weiten Horizont und auch mit seinen vornehmen Kunden sprach er klug und verständnisvoll. Er fühlte sich gleich wohl in der Küche wie in den schönen Empfangszimmern. Er verstand alle diese Menschen durch die Liebe in seinem Herzen, die er vom Heiligen Geist empfangen hatte (siehe Römer 5,5).

Unter den Kunden, deren Uhren er regelmäßig aufziehen mußte, war ein bekannter Pfarrer und Philosoph, Pfarrer de Sopper. Vater stellte ihm oft tiefgehende Fragen. Nach einigen Monaten schlug dieser Pfarrer vor, in unserem Hause einen Kurs in Philosophie zu geben. Obwohl Vaters Glaube nicht mit den freidenkerischen Ansichten des Gelehrten übereinstimmten, zerstörten ihre Diskussionen die herzliche Freundschaft nicht.

Mehrere Winter hindurch hatte dieser Pfarrer, der später Philosophieprofessor an der Universität Leiden wurde, eine wöchentliche Studiengruppe in unserm Hause. In dieser Gruppe waren Agnostiker, Atheisten, Fundamentalisten und Freidenker. Alle suchten nach Erkenntnis, und keiner konnte den direkten Antworten Casper ten Booms auf schwierige Fragen entgehen. »In der Bibel steht . . .« sagte er immer, wenn man zu argumentieren anfing.

Vater hatte nichts gegen Philosophie, denn er glaubte an eine Lebensphilosophie, die sich auf Gottes Wort gründet. Aber er widersprach, wenn andere ihren Glauben auf Männer wie Kant und Hegel gründeten. Kant, der Philosoph aus dem 18. Jahrhundert, hatte viele Intellektuelle beeinflußt. Er glaubte nicht an das Absolut-Gute und -Böse und bezweifelte, ob Menschen Dinge akzeptieren könnten, die außerhalb der fünf Sinne lagen. Dadurch schloß er geistliche Realitäten und biblische Wahrheiten aus. Hegel folgte der Philosophie des relativen Denkens, was zu den politischen und ökonomischen Vorstellungen von Karl Marx und Adolf Hitler führte.

Ohne wissenschaftliche Ausbildung konnte Vater mit den glänzendsten Wissenschaftlern diskutieren und dies anhand des Buches, das er so gut kannte. Manche versetzte er in Verwunderung, andere wurden bekehrt und er besaß die aufrichtige Hochachtung aller in jener ungewöhnlichen Studiengruppe.

Von einem zum andern

Wenn Vater von seiner Runde nach Hause zurückkehrte, war ich sehr gespannt auf alles, was er erlebt hatte.

»Was sagte Frau van der Vliet heute? Hast du Pfarrer de Sopper gesehen? Und die Köchin von de Bok – hat sie die Bibel, die wir ihr schickten, gelesen?«

»O Corrie, Corrie«, sagte Vater lachend, »wir wollen warten bis nach dem Abendessen. Der Gedanke an das, was du heute morgen zubereitet hast, hat mir die letzten zehn Kilometer Kraft gegeben.«

Viele Jahre hindurch war es meine Aufgabe, Tante Anna im Haushalt, beim Kochen, Reinemachen und bei der Krankenpflege zu helfen. Betsie arbeitete mit Vater im Geschäft als Buchhalterin, und ich beschäftigte mich mit dem Haushalt. Ich machte das gern; man wurde gefordert und man konnte schöpferisch tätig sein. So versuchte ich z. B. meinen eigenen Rekord im Waschen und Bügeln zu verbessern. Montags wollte ich die Wäsche um vier Uhr fertig und im Schrank haben. Wenn ich um halb oder dreiviertel vier fertig war, erlaubte ich mir eine viertel- oder eine halbe Stunde Pause zum Lesen. Ich lernte Brot backen, Butter herstellen und aus wenigem viel machen.

Durch eine Grippeepidemie in Holland wurde die Arbeitseinteilung bei den ten Booms plötzlich geändert. Alle in der Familie wurden krank. Als Betsie krank war, mußte ich ihre Arbeit im Geschäft übernehmen. Das hatte ich noch nie getan. Ich hatte das Gefühl, zwei linke Hände zu haben. Es war eine ganz andere Welt. Ich kam mit vielen Menschen in Berührung, mußte mir ihre Vorlieben und ihre Abneigungen merken und sah auch anhand der Tatsachen und Zahlen, wie prekär die finanzielle Lage des Geschäfts war.

Als Betsie wieder gesund war, machte ich einen Vorschlag. »Weshalb tauschen wir die Arbeit nicht mal einige Monate, damit ich mehr vom Geschäft lernen kann? Ich weiß so schrecklich wenig von dem, was vor sich geht.«

So tauschten wir denn. Es war im Jahre 1920. Willem und Tine hatten ihre eigene Familie, Nollie und Flip waren seit einem Jahr verheiratet und die deutschen Kinder waren wieder nach Hause zurückgekehrt. Zeit für etwas anderes.

Ich liebte die Arbeit im Geschäft. Nur fand ich es nicht praktisch, daß ich, wenn ein Kunde eine Uhr zur Reparatur brachte, immer Vater oder einen der Uhrmacher in der Werkstatt bitten mußte, nachzusehen, was repariert oder welches Teil ersetzt werden müßte.

»Vater, ich glaube, es wäre gut, wenn ich Uhren reparieren lernte. Willst du mir das beibringen?«

Vater stimmte sofort zu. Er hatte großes Vertrauen zu meinen Fähigkeiten.

»Natürlich kann ich dich unterrichten – und später werde ich dich in die Schweiz schicken, wo du dann als Lehrling in einer Fabrik arbeiten kannst. Ich hoffe, daß du ein besserer Uhrmacher wirst als ich.«

Der gute Vater – er war einer der besten Uhrmacher in ganz Holland; er schrieb ein Buch über die genaue Regulierung von Uhren; er gab ein Wochenblatt für Uhrmacher heraus; er war ein Schüler Howü's, eines der besten Uhrmacher der Welt, gewesen. Wie konnte er nur erwarten, daß ich besser würde als er?

Tante Anna hörte seine Worte und sagte: »Cas, ich muß dich warnen – Corrie wird nie ihre ganze Zeit ihrem Beruf widmen. Sie versucht immer sechs Dinge auf einmal zu tun.«

Tante Anna hatte recht. Sie war eine Frau mit nur einem Ziel vor Augen: dem Wohlergehen unserer Familie. Es muß schwer für sie gewesen sein, daß meine Interessen auf so vielerlei Gebieten lagen und daß meine Herzenswünsche nicht ganz im Einklang mit unsern Verhältnissen waren. Ich wußte, daß ich das jüngste Kind eines geachteten Kaufmanns war und daß dieser nicht viel Geld hatte. Ich war damit glücklich und zufrieden. Aber ich glaubte, daß es mehr für mich zu tun gab.

»Lieber Herr«, betete ich in der Stille meines Stübchens, »kannst du mich irgendwie gebrauchen?«

Gesegnetes Geld und verfluchtes Geld

Schon nach einer Woche wußten Betsie und ich, daß es für uns beide gut war, daß wir die Arbeit getauscht hatten. Betsie mit ihrem angeborenen Gefühl für Schönheit und Ordnung gab dem Haushalt einen neuen Glanz. Schränke wurden praktischer eingeräumt, es erschienen Blumen auf dem Tisch und auf den Fensterbänken, sogar die Mahlzeiten waren phantasievoller.

Ich liebte das Geschäft und die Werkstatt. Sie hatten eine ganz eigene Atmosphäre, und allmählich überwand ich meine Schüchternheit und Unsicherheit im Umgang mit Menschen, und es machte mir Spaß, Uhren zu verkaufen. Es ging auf und ab in der Uhrenbranche, Vater aber schien die wirtschaftliche Lage unserer Zeit gut zu kennen. In seinem Wochenblatt »Christiaan Huygens« gab er Informationen und machte Vorschläge für andere im Fach. Da er alle Zeitschriften auf diesem Gebiet in Deutsch, Englisch und Französisch las, konnte er sein Blatt mit allerlei Wissenswertem füllen.

Wenn es aber darauf ankam, im eigenen Geschäft Geld zu verdienen, war das nicht immer so einfach. Er liebte seine Arbeit, war aber nicht auf Geld aus.

Einmal befanden wir uns wirklich in einer finanziellen Krise. Eine hohe Rechnung mußte bezahlt werden, und das Geld reichte einfach nicht. Eines Tages kam ein sehr gut gekleideter Herr ins Geschäft und sah sich einige besonders teure Uhren an. Ich war in der Werkstatt und betete, während ich mit einem Ohr auf das Gespräch im vorderen Raum hörte.

»Mmm . . . das ist eine schöne Uhr, Herr ten Boom«, sagte der Kunde und besah die kostspielige Uhr, die er in der Hand hielt. »Das ist genau das, was ich suche.«

Ich hielt den Atem an, als ich sah, daß der reiche Kunde die Hand in die Innentasche steckte und ein dickes Bündel Papiergeld hervorholte. Gottlob – Bargeld! Ich sah mich die Rechnung bezahlen, die schon hätte beglichen sein müssen, und fühlte mich von der Last, die ich die letzten Wochen getragen hatte, befreit.

Der Kunde betrachtete glücklich und bewundernd die Uhr und sagte: »Ich hatte einen guten Uhrmacher hier in Haarlem . . . er hieß van Houten. Vielleicht kennen Sie ihn.«

Vater nickte. Er kannte fast jeden in Haarlem, sicher aber seine Kollegen.

»Van Houten ist gestorben, und sein Sohn hat das Geschäft übernommen. Ich habe eine Uhr bei ihm gekauft, die aber nicht richtig ging. Ich habe sie dreimal zurückgeschickt. Es war einfach ein Fehlkauf. Deshalb beschloß ich, einen andern Uhrmacher zu suchen.«

»Zeigen Sie mir die Uhr doch bitte mal!« sagte Vater.

Der Mann nahm eine große Uhr aus seiner Westentasche und reichte sie Vater.

»Ich will mal sehen«, sagte Vater, während er die Uhr an der Rückseite öffnete. Er änderte etwas daran und gab sie dem Kunden zurück. »Bitte, das war nur eine Kleinigkeit! Jetzt wird sie gut gehen. Ich habe Vertrauen zu dem jungen Uhrmacher . . . Er ist genauso gut, wie sein Vater war. Ich glaube, es wird ihm Mut machen, wenn Sie die neue Uhr bei ihm kaufen.«

»Aber, ten Boom!« wendete der Kunde ein.

»Der junge Mann hat es nicht leicht gehabt ohne seinen Vater. Wenn Sie Schwierigkeiten mit einer seiner Uhren haben, kommen Sie dann ruhig zu mir! Ich will Ihnen helfen. Jetzt werde ich Ihnen Ihr Geld zurückgeben und Sie geben mir die Uhr wieder!«

Ich war sprachlos. Ich sah, wie Vater die Uhr zurücknahm und dem Kunden das Geld gab. Dann öffnete er die Tür für ihn und verbeugte sich höflich.

Mein Herz war da, wo meine Füße hingehörten, als ich aus dem Schutz der Werkstatt hervorkam.

»Papa! Wie konntest du nur?«

Ich war so entsetzt von der Ungeheuerlichkeit dessen, was ich gesehen und gehört hatte, daß ich ihn mit dem Namen anredete, den ich ihm als Kind gab.

»Corrie, du weißt doch, daß ich bei Herrn van Houtens Beerdigung das Evangelium verkündigt habe.«

Natürlich wußte ich das. Es war Vaters Aufgabe, bei den Beerdigungen der Uhrmacher in Haarlem zu sprechen. Seine Kollegen schätzten ihn sehr und außerdem war er auch ein sehr guter Redner. Er benutzte eine solche Gelegenheit immer, um vom Herrn Jesus zu sprechen.

Vater sagte oft, daß die Leute von der Ewigkeit berührt würden, wenn sie jemand hätten sterben sehen. Da sei eine Gelegenheit, die wir ergreifen sollten, um von ihm, der uns das ewige Leben geben will, zu sprechen.

»Corrie, was meinst du, was der junge Mann gesagt haben würde, wenn er hörte, daß einer seiner guten Kunden zu Herrn ten Boom gegangen sei? Glaubst du, daß der Name des Herrn dadurch geehrt würde? Es gibt gesegnetes Geld und verfluchtes Geld. Vertraue dem

Herrn! Er besitzt das Vieh auf tausend Bergen, und er wird für uns sorgen.«

Ich schämte mich und wußte, daß Vater recht hatte. Ich fragte mich, ob ich jemals dieses Vertrauen besitzen würde. Ich erinnerte mich, wie ich als Kind zum ersten Mal in die Schule gehen mußte. Wieder klammerten sich meine Finger um das Geländer, und ich wollte nicht in die von Gott gewiesene Richtung, sondern meinen eigensinnigen Weg gehen. Konnte ich ihm wirklich vertrauen – auch mit einer unbezahlten Rechnung?

»Ja, Vater«, antwortete ich ruhig. Wem antwortete ich? Meinem irdischen oder meinem himmlischen Vater?

Die kleinen Dinge

Als ich länger mit Vater zusammenarbeitete, wurde uns beiden bewußt, daß unsere Charaktere durch unsere Arbeit geformt wurden. Uhren reparieren ist eine Geduldsschule. Wie oft half Vater mir, wenn ich Mühe mit der Arbeit hatte!

»Und wem in der Welt würde ich lieber helfen als meiner eigenen Tochter?« sagte er oft.

Die Werkstatt wurde jeden Morgen mit Gebet und Bibellesen geöffnet. Wenn es Probleme gab, beteten wir zusammen deswegen. Vater praktizierte, was Paulus riet: »Vor allem kommt es darauf an, daß ihr mit eurem Verhalten der Guten Nachricht von Christus Ehre macht . . .« (Phil. 1,27).

Diese einfachen Dinge hielten die Stimmung hoch. Auch war es eine große Freude, den Sieg Jesu zu erfahren. Er ist ein Freund, der uns nie im Stich läßt.

Wenn meine Hand nicht ganz sicher war und ich eine sehr präzise Arbeit tun, z.B. ein kleines Rädchen an die richtige Stelle setzen mußte, betete ich: »Herr Jesus, willst du deine Hand auf meine legen?« Er tat es immer, und vereint arbeiteten unsere Hände sicher. Jesus läßt uns keinen Augenblick im Stich.

Ich erlebte das Wunder, daß die höchste Möglichkeit von Gottes Liebe und Macht uns in den kleinen Dingen des Alltags zur Verfügung steht.

12. Alles in Ordnung . . . bis es anfängt zu regnen

Ich fühlte mich ein wenig fremd bei den Leuten in jenem Zimmer. Die meisten Damen bei der Versammlung der christlichen »Union des Amies de la Jeune Fille« waren sehr vornehm. Sie trugen schöne schwarze Kleider mit hohem Kragen und langen Ärmeln. *Was tat ich hier?* Plötzlich war ich mir meiner Bluse mit dem ziemlich tiefen Halsausschnitt und den kurzen Ärmeln bewußt. Sie paßte in die Uhrmacherwerkstatt, aber nicht in die »Union des Amies de la Jeune Fille«.

Als eine Dame ihre Ansprache zu halten begann, dachte ich nicht mehr an mich selbst, sondern hörte zu, wie sie mit großer Wärme und Liebe von den Mädchen sprach, die während einer bestimmten Zeit ihres Lebens, wo es die Möglichkeiten für Extreme an Gutem und Bösem gab, Hilfe und Führung brauchten.

In Holland verließ man die Sonntagsschule im Alter von zwölf oder dreizehn Jahren, und CVJM-Gruppen gab es für Mädchen von achtzehn Jahren an. Für die entscheidenden Entwicklungsjahre zwischen diesen beiden Altersgruppen gab es in der christlichen Welt nichts.

Plötzlich fühlte ich, wie mich jemand mit dem Finger in den Rükken stupste, und ich hörte jemand flüstern: »Das ist Arbeit für Sie, Corrie ten Boom.«

Ich drehte mich um und blickte in die freundlichen Augen Frau Bechtolds, einer lieben, alten Dame. Sie war mit Tante Jans befreundet gewesen.

»Keine Zeit«, antwortete ich. Ich dachte an das Haus, das Geschäft und die Bibelstunden in den Schulen. O nein, ich hatte viel zu viel zu tun!

»Besprechen Sie es mit dem Herrn!« sagte Frau Bechthold.

Und das tat ich, als ich an dem Abend zu Bett ging.

Tue es

Am nächsten Tag erzählte ich Betsie von dem Zusammensein, und wie der Herr es mir aufs Herz gelegt hatte, etwas für die Mädchen in

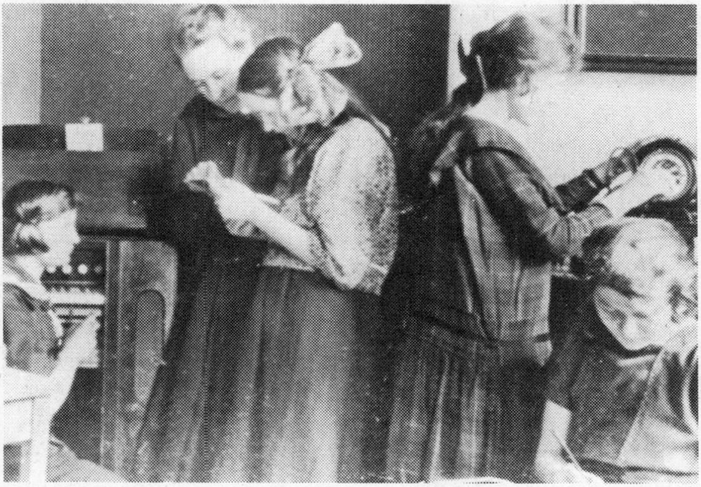

Unser erster Klub und das erste Klubzimmer, 1923

dem betreffenden Alter zu tun. Sie begann, Pläne zu machen. Wir hatten kein Geld und keine Erfahrung, aber wir fingen an.

Betsie hatte jahrelang in der Sonntagsschule unterrichtet, so daß es nicht schwer für sie war, lange Listen mit den Namen früherer Schüler zu bekommen. Sie sprach mit ihren Mädchen von unsern Plänen, und in ihrer besonnenen Art war sie ein gewaltiger Schrittmacher. Das erste, was wir taten, war, daß wir den Kirchen-Wanderklub gründeten. Der Jugendgottesdienst in der Bakenesser-Kirche fing sonntags um 10 Uhr an. Wir trafen uns mit den Mädchen um halb neun auf einer Brücke, machten einen langen Spaziergang durch die Dünen, spielten ein wenig und gingen dann zusammen zur Kirche.

Dies war ein Anfang; aber es war uns klar, daß der Sonntag allein nicht ausreichte. Wir besprachen es mit den Jugendlichen und beschlossen, uns am Mittwochabend auf derselben Brücke zu treffen und dann nach Bloemendaal zu wandern, wo einige der reichen Damen uns ihren Park oder Garten zum Spielen zur Verfügung gestellt hatten. Manche dieser Besitztümer waren fast Waldreservate, und es war ein großes Vorrecht, sie so frei genießen zu dürfen. Immer, wenn wir eine Zeitlang gespielt hatten, sprachen wir mit den Mädchen von Jesus.

Der Klub wurde immer größer, denn die Mädchen brachten ihre Freundinnen mit. Es sprach sich herum, daß Tante Kees (das war mein Spitzname) ein »fideler Kerl« war.

Betsie und ich merkten bald, daß wir dringend mehr Leiterinnen brauchten. Während Betsie Namen und Adressen früherer Schülerinnen der Sonntagsschule sammelte, stellte ich fest, daß ich im Geschäft suchen mußte. Wenn eine junge Dame eine Uhr kaufte oder eine zum Reparieren brachte, sah ich sie mir an und dachte: »Ob sie wohl Christin ist?« Wenn ich hinter dem Ladentisch stand und sie auf einem Stuhl davor saß, begann ich über Jugendkriminalität zu sprechen und darüber, wie notwendig es sei, daß das Evangelium die ganze Welt und vor allen Dingen die Mädchen zwischen zwölf und achtzehn Jahren erreichte.

Wenn eine dann Interesse zeigte, lud ich sie in unsern Leiterinnenklub ein. Es dauerte nicht lange, da hatten wir vierzig Leiterinnen. Bald fielen einige wieder aus, als sie sich ihrer Verantwortung bewußt wurden; aber als die Spreu verweht war, blieben die Körner übrig, und wir hatten eine Gruppe begeisterter, tüchtiger junger Frauen.

Jede Woche einmal trafen sich die Leiterinnen, und jede mußte die anderen die Spiele, die sie kannte, lehren. Ich lehrte sie, im Rahmen einer kurzen Erzählung eine biblische Botschaft weiterzugeben, und sagte ihnen auch sonst noch irgendeinen Gedanken, den sie in der kommenden Woche verwenden konnten. Wenn sie Fragen hatten, besprachen wir sie zusammen und versuchten, die Antwort zu finden. Im Gebet brachten wir unsere Probleme vor Gott und erwarteten nichts von der eigenen Kraft.

Diese Leiterinnen suchten Kontakt mit den früheren Schülerinnen der Sonntagsschule und erzählten ihnen von den Klubs, auf welcher Brücke wir uns trafen und in welchem Park oder Garten wir unser Klubtreffen haben würden.

Was war das für ein Anfang! Er war dynamisch – bis jener regnerische Augustmonat kam und der ganze HMC (Haarlemse Meisjes Club oder Haarlemer Mädchen Klub) aus durchnäßten Leiterinnen bestand, die umsonst auf der Brücke auf die Mädchen warteten, die nicht kamen. Wir hatten zu viele Schönwettermädchen! Damals hätten wir aufhören können. Aber die meisten von uns waren der Meinung, daß, wenn der Herr uns diese Arbeit gezeigt hatte, Er auch wollte, daß wir weitermachten! Wir waren zwar durchnäßt, aber nicht ertrunken!

Was wir brauchten, war ein Dach über dem Kopf, und wir fanden ein Zimmer in einem Hause an der Bakenessergracht. Das war nicht weit von der Beje, und nach dem Abendessen war ich in wenigen Minuten dort. An manchem Mittwochabend war das Zimmer gestopft voller Mädchen, an andern Abenden war es leer. An diesen »leeren« Abenden wurde unser Leiterinnenklub zum Leiterinnengebetskreis. Wir baten den Herrn um ein Klubhaus statt nur eines Zimmers.

Jede Stadt hat ihre Wohltäter. In Haarlem war der Name Teyler bekannt. Man sprach von seinem Reichtum, von den Vereinen, denen er finanziell half, und er war als Förderer holländischer Kunst bekannt. Eines der vielen Häuser, die Herr Teyler besaß, hatte ein großes Zimmer mit vielen kleineren rundherum. Für eine Familie war es kein praktisches Haus. Wir erkundigten uns beim Verwalter, ob wir das Haus mieten könnten – und weil wir es für gute Zwecke benutzen wollten, wurde unsere Bitte genehmigt. Welch eine Gebetserhörung!

Wir hatten eine herrliche Zeit! Als wir mit den Mädchen darüber sprachen, was wir nun machen wollten, nannten sie alle ihre Interessengebiete. Eines der Mädchen wollte z. B. Englisch lernen. In der darauf folgenden Woche begannen wir in einem der kleineren Zimmer einen Kurs in Englisch. Einer unserer Kunden unterrichtete dort.

Das einzige, das wir in diesem Haus nicht tun konnten, war körperliche Betätigung, die sich manche Mädchen wünschten. Deshalb mieteten wir einen Abend in der Woche eine Turnhalle in Haarlem mit allen notwendigen Geräten. Dort begannen wir die Sportklubs für die Waghalsigeren unter uns.

Gott segnete die Arbeit. Gewiß, wir machten Fehler, aber trotzdem wurden die Klubs größer und innerlich gefestigter.

Durch meine Verbindung mit den Frauen, die mir den ersten Anstoß zu dieser Arbeit gegeben hatten, gehörten wir zur christlichen »Union des Amies de la Jeune Fille«, deren Hauptquartier in der Schweiz war. Vornehme Damen bildeten unsern Vorstand. Die meisten gehörten zur höchsten Gesellschaftsschicht und hatten strenge Auffassungen. Sie besaßen aber ein gesundes Gefühl für Humor und in Anbetracht ihres Herkommens, eine erstaunliche Anpassungsfähigkeit.

Womit sich der Vorstand des öfteren beschäftigen mußte, war eine junge, unverheiratete Frau mit außergewöhnlichen Ideen. Ihr Name war Corrie ten Boom. Frau Burkens, die Frau eines Arztes, bekam den Auftrag, Corrie zu »überwachen« und die größere Gruppe vor Abenteuern, die als zu gefährlich galten, zu bewahren.

Tabu!

Alles verlief gut mit dem Vorstand, bis ich auf einen revolutionären Gedanken kam. Ich wollte eine Gruppe von Jungen und Mädchen zusammen anfangen! Das war für einen christlichen Verein etwas Unerhörtes! Jungen gehörten in Jungenklubs und Mädchen in Mädchenklubs, vor allem während der Entwicklungsjahre.

In der christlichen Gesellschaft war kein Raum für ein Stelldichein. Jungen und Mädchen trafen sich aber heimlich auf der Straße. Schließlich wußte ich einiges davon – und ich werde nie Tante Jans' Traktat vergessen, das sie schrieb, nachdem sie gesehen hatte, daß in der Barteljorisstraat Mädchen flirteten: »Jonge meisjes, scharrelt niet!« (Ihr jungen Mädchen, flirtet nicht!)

Der Grund, weshalb wir einen Klub für Jungen und Mädchen haben wollten, war, daß die Mädchen zusammen so viel Spaß hatten, daß wir fürchteten, wir würden eine Gesellschaft unverheirateter Frauen bilden. Die Leiterinnen waren der Meinung, daß die Mädchen einen Freund mitbringen würden, wenn wir einen gemischten Klub anfingen, und sich dann nicht heimlich zu treffen brauchten.

Nie werde ich die Vorstandssitzung vergessen, in der ich mitteilte, daß wir eine solche Gruppe anfangen wollten.

»Corrie, was werden manche Eltern denken?«

»Das ist noch nie da gewesen!«

»Corrie, wirklich, wir wundern uns!«

Ich glaube, daß ich mich eigentlich selbst auch wunderte. Ich plädierte und argumentierte, daß dies eine gute Gelegenheit für Jungen und Mädchen sei, sich wirklich kennenzulernen. Die einzige andere Möglichkeit sei, daß sie sich auf der Straße oder bei schlechtem Wetter in den Wirtshäusern träfen.

Ich siegte in dem Kampf. Der Vorstand stellte mir jedoch eine Bedingung: Während eines ganzen Jahres durfte keiner etwas von dem

»Der Freundeskreis«, ein gemischter Klub in Haarlem – etwas ganz Neues in jener Zeit

Experiment erzählen. Wenn wir keine wirklichen Schwierigkeiten hätten, dürften wir nach Ablauf des ersten, kritischen Jahres die Sache öffentlicher betreiben. Und so fingen wir mit dem »Vriendenkring« (Freundeskreis) an. Es war zwar kein hervorragender Name, aber der Klub war sehr beliebt. Und das wurde noch verstärkt durch das Geheimnisvolle dieses Anfangs.

Jedes Abendprogramm des Freundeskreises war anders. Meine erste Frage war: »Nun, was machen wir heute abend?« Manchmal wollten sie auf der Spaarne rudern, aber öfters waren Politik oder der Dienst für den Herrn Gesprächspunkte. Es scheint, daß Jugendliche nicht die gleiche Abneigung gegen diese Themen haben wie die Älteren.

Wir hatten die verschiedenartigsten jungen Männer; einige waren Kommunisten, während andere unser Vaterland und unsere Königin liebten. Viele waren treue Kirchenmitglieder; andere waren Agnostiker oder Atheisten. Wir stellten keine Bedingungen für die Mitgliedschaft, und wenn sie die kurzen Bibelbesprechungen nicht mochten, brauchten sie nicht zuzuhören.

Eines Tages beschloß man, den Turm der St. Bavo zu besteigen. Ich werde nie vergessen, wie ich mich fühlte, als wir die höchste Leiter, an der Außenseite des Turmes, bestiegen und mitten in der Turmspitze landeten. Ich blickte auf den Großen Markt hinab, der dreimal in der Woche durch die Stände der Gärtner und Kaufleute einem Blumengarten glich. Wahrscheinlich fragte ich mich, wie es sein würde, in einem Korb voller Zwiebeln zu landen.

Es war das erste und letzte Mal, daß ich den Mut zu solch einem Experiment aufbrachte. Das Heruntersteigen war fast noch schlimmer als das Hinaufsteigen, und wenn ich Zeit gehabt hätte, hätte ich mich vielleicht gefragt, weshalb der Herr meinen Mut auf diese Weise auf die Probe stellen wollte.

In diesem Kreise fanden sich Jungen und Mädchen, und Hochzeiten waren Höhepunkte für uns alle. Manche Paare wurden in der Kirche getraut, aber sie erzählten mir später: »Wir haben vergessen, was der Pfarrer gesagt hat. Aber was Sie uns in der Klubfeier gesagt haben, haben wir viel besser verstanden und nicht vergessen.«

Familie und Leitung

Ich hatte eine Sorge, was diesen Kreis betraf, und das war das Gefühl meiner eigenen Unzulänglichkeit. Ich wußte, daß das Klubhaus Hauseltern brauchte, einen Vater und eine Mutter, und ich war dazu nicht geeignet. Wir beteten deswegen, und in dem Freundeskreis fand sich das geeignete Paar.

Wim war Schneider und stammte aus einer Schneiderfamilie. Sein Vater, sein Bruder und seine Verlobte, Fie, arbeiteten zusammen. Es war immer eine Freude, sie dabei zu haben – sie liebten das Leben und besonders die Musik. Die ersten Tage jeder Woche benutzten sie dazu, ihre musikalischen Talente zu entwickeln. Die Wände der kleinen Schneiderwerkstatt hingen voller Musikinstrumente – Geigen, Gitarren und Mandolinen – sogar die kleine neunjährige Tochter machte im Orchester mit.

An einem Montagmorgen mußte ich einen von Vaters Anzügen zum Umändern hinbringen und wurde gebeten, mich hinzusetzen und dem Konzert zuzuhören. An jenem Tage war ich ihr einziger Zuhörer und nach fast einer Stunde sagte ich: »Wie lange dauern eure Konzerte?«

»Oh, während der ersten vier Tage der Woche spielen wir von acht Uhr morgens bis elf Uhr abends die meiste Zeit.«

Ich war einen solchen Mangel an Arbeitsplanung nicht gewohnt. »Aber wie steht es denn um eure Schneiderei?« fragte ich.

»Meistens fangen wir damit am Donnerstag an . . . manchmal früher, manchmal später. Das hängt davon ab . . .«

Die Mutter beendete den Satz: ». . . wieviel wir noch zu essen haben!«

Mein Geschäftssinn regte sich. »Sind eure Kunden denn mit einer langen Wartezeit einverstanden, wenn sie einen Anzug oder ein Kleid bestellt haben?«

»Sie brauchen nicht lange zu warten«, erwiderte Wim. »Wenn wir arbeiten, arbeiten wir alle vier zusammen. Fie hilft auch mit.« Er sah sie liebevoll an. »Tante Corrie, bald werden wir heiraten, und dann wollen wir in ihr Zimmer ziehen.«

Ich kannte Fies Zimmer; es war eine Mansardenstube in einem großen Haus, das in mehrere Appartements aufgeteilt worden war. Für mein Empfinden war es nicht gerade schön, dort eine Ehe anfangen zu müssen.

»Nun ja, das Zimmer ist billig«, sagte Wim, als er meinen besorgten Blick sah.

»Wim und Fie . . . da fällt mir etwas ein. Hört mal!«

Fie gehörte nicht nur zum Freundeskreis, sie war auch eine sehr gute Leiterin von verschiedenen Mädchenklubs. An jenem Montagmorgen fingen wir in der Schneiderwerkstatt, die eine Weile in einen Konzertsaal verwandelt worden war, an zu träumen. Wenn Wim und Fie in dem großen Klubhaus wohnen und die Hauseltern der H. M. C. werden könnten, würden nicht nur einige ihrer augenblicklichen Probleme gelöst werden, sondern das Gebäude hätte dann auch ständige Aufsicht, und ein Teil der Kritik, die wir gehört hatten, würde zum Schweigen gebracht werden.

Wim und Fie zogen in das Haus, und sie haben unser Klubhaus viele Jahre treu geleitet. Sie wurden »Onkel Wim und Tante Fie« genannt, und als sie später ein Töchterchen bekamen, wurde dies das jüngste Mitglied des H. M. C.

Meine ganze freie Zeit gebrauchte ich für die Klubarbeit. Vater und ich erlebten Höhe- und Tiefpunkte im Geschäft, aber jeden Abend hatte ich einen oder zwei Klubs. Wenn ich dann nach Hause kam, warteten Vater und Betsie schon darauf, daß ich meine Erlebnisse erzählte. Sie waren unsere Gebetspartner, und wir wußten, daß die Beje unsere Gebetsbasis für alle Klubarbeit war. Wie freuten wir uns miteinander, wenn junge Menschen, die in die Klubs kamen, zum ersten Mal »ja« zu Jesus sagten!

Etwa vierzig Jahre später, als ich wieder einmal in Holland war, nachdem ich um die Welt gereist war, kam eines Tages in einer Kirche ein Mann auf mich zu. Er fragte mich: »Kennen Sie mich noch? Ich habe in Ihrem ›Freundeskreis‹ den Herrn gefunden. Er hat mich nie allein gelassen.«

Ein andermal sah ein Pfarrer mich in seiner Kirche und sagte von der Kanzel herab: »In Ihrem Klub, Corrie, habe ich die Bibel als das lebendige Wort Gottes lieben gelernt.«

Ich dankte dem Herrn und schmunzelte ein wenig. Das Probejahr und die schreckliche Kletterei auf den Turm der St. Bavo hatten sich doch gelohnt, wenn ich jetzt solche Zeugnisse hören durfte!

13. Der rote Mützenklub

Die ersten zwanziger Jahre verliefen ruhig. Sie waren bei uns dadurch gekennzeichnet, daß wir Tante Annas Altstimme, mit der sie die großartigen alten Kirchenlieder sang, immer leiser werden hörten. Der einst so starke Körper wurde schwächer, und sie mußte fast immer im Bett bleiben. Da fing sie an, die Lieder in ihrem alten Gesangbuch eins nach dem andern auswendig zu lernen. »Ich habe nie die Zeit dazu gehabt«, sagte sie, »und nun macht mir das soviel Freude.«

Sie wußte, daß sie nicht mehr viel Zeit auf Erden hatte, aber sie schien fest entschlossen, mit einem Lied auf den Lippen in den Himmel zu gehen.

Wenn im Geschäft ein Tag besonders mühselig gewesen oder jemand mit großen Sorgen oder Kummer zu uns gekommen war, war es ein Trost, aus der kleinen Schlafstube oben die herrlichen Worte zu hören:

Wenn keiner hilft, ist Er doch da;
wenn alle gehen – Er bleibt nah.
In Ruh' und Freud, in Not und Streit,
bleibt Er derselbe allezeit.

Nach einer kurzen, schweren Krankheit holte Gott Tante Anna in ihr neues Zuhause im Himmel. Vater, Betsie und ich saßen um den großen ovalen Tisch herum, der einst für alle ten Booms fast zu klein gewesen war, und wir sprachen von der Vergangenheit.

»Corrie, es ist jetzt ein anderes Leben. Wir müssen die Vergangenheit in der Erinnerung behalten, aber in der Erwartung der Zukunft leben.«

Wer konnte in Vaters Nähe den Mut verlieren? Seine positive Einstellung belebte den traurigsten Tag. Ich blickte auf die leeren Stühle und verlor mich in Träumereien. Mutter hatte uns immer darin bestärkt. Ich dachte an den Tag, als Betsie und ich mit einer Idee zu ihr gegangen waren.

»Mama, wenn wir erwachsen sind, wollen wir Missionarskindern helfen. So viele können nicht bei ihren Eltern auf dem Missionsfeld

Unsere ersten drei Kinder. Stehend: Hardy, Puck, ein Besucher, Hans, Tante Betsie, Frans (ein älterer Bruder der Kinder)

bleiben und werden dann nach Holland in die großen Internate geschickt.«

Wir hatten damals gerade ein solches Internat besucht, und obwohl die Leiter sehr liebevoll waren, taten uns die Jungen und Mädchen leid, die Opfer bringen mußten, weil ihre Eltern Gott gehorchten, indem sie in andern Ländern dienten.

Ich erinnere mich, daß Mutter dies für einen guten Gedanken hielt. Sie hatte gerade nach einer kleinen Operation das Krankenhaus verlassen und erzählte uns von einem Gespräch mit einer Krankenschwester.

»Meine Pflegerin war jahrelang Missionarin gewesen, und als sie hörte, daß ich drei Töchter hätte, sagte sie: ›Frau ten Boom, ich finde, daß Sie eine Tochter zu Hause behalten, eine bei uns Diakonisse werden lassen und eine für die Mission geben sollten.‹«

Ich machte große Augen. Welche sollte ich sein?

»Mutti, was hast du geantwortet?«

»Ich sagte, daß ich nicht wüßte, ob ich eine meiner Töchter für die Missionsarbeit geben könne!«

Mutter erzählte uns auch, weshalb: »Meine eigene Mutter war als kleines Kind in Indonesien. Ihre Eltern lebten dort. Sie starben am gleichen Tag und hinterließen drei kleine Kinder. Eine eingeborene Frau nahm sie mit in ihr Haus und sorgte zwei Jahre lang für sie; erst dann fand sich ein Schiff, dessen Kapitän bereit war, die drei Waisen ohne einen Erwachsenen, der für sie sorgte, nach Holland mitzunehmen. Die freundlichen Eingeborenen waren sehr gut zu Mutter und ihren Geschwistern, aber sie verbrachten ihre Kindheit in sehr primitiven Verhältnissen. Ich glaube, daß es eine gute Tat wäre, wenn ihr dem Herrn dienen würdet, indem ihr Missionarskinder erzieht, Corrie.«

Diese Worte Mutters und mein Traum wurden bald Wirklichkeit. Meine Gedanken wurden von Willems Stimme unterbrochen. »Ist jemand zu Hause?« rief er von unten.

Er hatte uns etwas Wichtiges zu sagen. Betsie, Vater und ich setzten uns in die Wohnstube, und Willem fing an: »Wie ihr wißt, bin ich Vorstandsmitglied der Salatiga-Mission in Indonesien.«

Oh, wollte Willem aufs Missionsfeld gehen?

Das war aber keineswegs der Fall. Ich muß gestehen, daß seine Bitte ein merkwürdiger »Zufall« war – weil sie gerade in diesem Augenblick kam.

»Drei Missionarskinder brauchen sehr bald ein Unterkommen«, fuhr Willem fort. »Ihre Eltern müssen aufs Missionsfeld. Es sind kluge Kinder, zwei Mädchen und ein Junge. Für den Jungen haben wir ein Zuhause gefunden, aber nicht für die Mädchen. Sie müssen alle etwas lernen, doch es ist nicht viel Geld vorhanden.«

(Das waren bekannte Worte in unserm Hause.)

»Es ist eine Glaubensmission«, erklärte Willem. »Wenn es gut um die Finanzen steht, können die Eltern bezahlen; wenn aber nichts da ist, müssen die Pflegeeltern, wie die Missionare, aus dem Glauben leben. Ich dachte, daß es vielleicht etwas für euch wäre.«

»Wir werden deswegen beten, Willem«, antwortete Vater. Er zupfte an seinem Bart, wie er es immer tat, wenn er nachdachte.

Willem wußte, daß er Vater nicht zu einer Entscheidung drängen konnte, ehe er gebetet hatte; erst dann wurden in unserer Familie Entscheidungen getroffen. Nach dem Abendessen und Gebet räumte ich den Tisch ab, während Betsie Milch in die dampfenden Kaffeetassen goß und Vater sich eine Zigarre anzündete.

»Ein Mädchen schläft in Tante Beps Zimmer«, schlug ich vor.

»So, du richtest das Haus schon ein«, schmunzelte Vater. »Wenn ihr beide zustimmt, werde ich mich nicht weigern. Allein . . .« Vater schwieg. Vielleicht dachte er daran, wie töricht es sei, daß ein Mann von über sechzig Jahren mit zwei unverheirateten Töchtern die Verantwortung für die Erziehung Jugendlicher übernahm. ». . . wir wollen nicht zu schnell einen Entschluß fassen.«

Am nächsten Tage besuchte uns der Missionsdirektor.

»Herr ten Boom . . . meine Damen«, er verbeugte sich höflich vor uns, »der Missionsvorstand hat gestern abend dem Herrn gedankt, daß Sie bereit sind, die zwei Mädchen zu sich zu nehmen.«

Vater lächelte. »Wer hat Ihnen das gesagt? Aber natürlich, wenn Sie Gott schon gedankt haben, können wir nicht nein sagen. Wann können die Kinder kommen, damit wir sie mal sehen können?«

»Morgen.«

Betsie und ich fingen an, Schränke umzuräumen, Betten zurechtzumachen und über Mahlzeiten nachzudenken, bevor einer von uns Gelegenheit hatte, die Richtigkeit unserer Entscheidung in Frage zu stellen. Es war uns vollkommen klar, daß der Herr wollte, daß wir die Mädchen aufnehmen sollten. Aber wir hatten nicht mit der Sonderüberraschung in dem Missionspaket gerechnet.

Am nächsten Tage kamen die drei Kinder: Puck, ein lebhaftes Mädchen von vierzehn; Hans, ein kluges Mädchen von dreizehn Jahren, und Hardy, ihr 16jähriger Bruder. Wir liebten sie von Anfang an wegen ihrer aufgeweckten Art und ihrer Bereitwilligkeit, sich in ein neues Leben zu fügen. Sie waren in Indonesien aufgewachsen, wo ihre Eltern auf dem Missionsfeld dienten. Nun sollten sie in ihrem Vaterland entweder in ein Internat oder in eine Familie gehen. Selbstverständlich bevorzugten die Kinder eine Familie und taten deshalb ihr Bestes, um einen guten Eindruck zu machen.

Wir zeigten Puck und Hans ihr Zimmer und sie packten ihre wenigen Habseligkeiten aus den kleinen Leinentaschen, die sie mitgebracht hatten, aus. Hardy blieb in der Küche. Er sah zu Boden.

»Komm, Hardy, wir müssen gehen«, sagte der Missionsdirektor.

»Bitte«, sagte Hardy leise und blickte von Vater zum Direktor, »kann ich nicht auch hier bleiben? Ich mußte schon von den Eltern Abschied nehmen. Ich möchte mich nicht auch noch von Hans und Puck trennen.«

Vater sagte: »Natürlich bleibst du auch hier, junger Mann. Du glaubst doch nicht, daß ich diesen Haushalt mit so vielen Frauen allein führen kann?«

Und so waren wir zu sechst.

Unser stilles, schmales, dreistöckiges Haus hatte plötzlich elastische Wände bekommen und summte von der Lebhaftigkeit von drei Kindern. Die Seitentür schwang hin und her wie das Pendel einer unserer Uhren, und das hörte sich gut an. Es war, als ob Vater bei all dem Plaudern und Singen um ihn herum um so mehr leisten konnte. Das ganze Tempo unseres Lebens nahm zu.

Betsie und ich besprachen, wie wir die Arbeit einteilen wollten. Sie sollte die Verantwortung für Nahrung und Kleidung und ich die für Sport und Musik übernehmen. Als die Kinder kamen, verkaufte ich mein Fahrrad. Ich beschloß, viel mit ihnen zu wandern, und solange wir nicht genug Geld für Fahrräder für alle hatten, wollte ich mich selbst und die Kinder darin üben, zu Fuß zu gehen.

Die Alpina-Uhrenfabrik hatte uns kleine rote Mützen geschickt, wie die Schweizer Jodler sie tragen, und ich gab jedem der Kinder eine. Das erste Mal, als wir alle zusammen spazieren gingen, sagte der Straßenbahnschaffner, der uns sah: »Sieh mal an, da kommt Corrie und ihr Rote-Mützen-Klub!«

Wir liefen durch die Straßen Haarlems und hinaus in die Dünen, und es dauerte nicht lange, da kamen mehr rote Mützen zu unserm kleinen Klub hinzu.

Dann kam Lessie

Wie bei den Uhrmacherkindern nach dem Ersten Weltkrieg erbten wir auch diesmal noch ein Mädchen, dem ein Zuhause in Holland versprochen worden war, das aber dann ausfiel. Auch Lessie war Missionarstochter. Sie befand sich schon auf dem Schiff, das sie von Indonesien nach Holland bringen sollte, als der Onkel, bei dem sie wohnen sollte, telegrafierte, daß sie nicht kommen könne. Ihre Mutter war ganz aufgeregt, denn Lessie wollte sich in Holland als Lehrerin ausbilden und alles war bereits festgelegt.

Die Eltern von Hans und Puck waren auf dem Schiff, um sich von Lessie zu verabschieden, als das Telegramm kam. »Schickt sie in die

Beje«, sagten sie. »Dort haben sie immer Platz, und wenn nicht, so schaffen sie Platz.«

Infolgedessen erhielten wir einen Brief mit der Nachricht, daß zwei Tage später Lessie ankommen würde. Es war keine Zeit mehr, zu antworten, und es gab auch keine andere Möglichkeit.

»Wir haben keinen Platz für mehr Betten«, sagte Betsie. Von ihr, die ziemlich genau in ihrer Haushaltsführung war, wurde viel verlangt. Aber sie beschwerte sich nicht, räumte die Zimmer um, und wir fügten uns.

»Ich kann im Turm schlafen – wo die Koffer untergestellt werden«, sagte Hardy.

Ich hatte in Gedanken schon einen Plan gemacht. »Nein, wir werden in meinem Zimmer zwei Betten übereinander bauen.«

Als Lessie kam, traurig, weil ihr einziger Verwandter sie abgelehnt hatte, wurde sie von uns mit offenen Armen empfangen.

Es dauerte nicht lange, da schickte der Herr uns noch zwei Mädchen. Wir erlebten, daß es bei Menschen zwar unmögliche Situationen gibt, daß aber bei Gott alles möglich ist.

Unser Rote-Mützen-Klub wuchs, und wir glichen wirklich einer Jodlergruppe!

Alle Mädchen besuchten das Lehrerinnenseminar, und Hardy ging in eine Knabenschule. Armer Hardy! Er war von Mädchen umringt und muß die Lage ab und zu ein wenig erdrückend gefunden haben. Da fing er an, mehrere Stunden auf einmal zu verschwinden, und eines Tages kam Betsie in die Küche, und ihr freundliches Gesicht hatte einen besorgten Ausdruck.

»Weißt du, was Hardy macht?«

Du liebe Güte! Alles mögliche Schlechte ging mir durch den Kopf, aber nichts davon schien zu Hardys Charakter zu passen.

»Er sieht sich Charlie-Chaplin-Filme an!« erklärte Betsie entrüstet.

»Was sagst du? Er geht ins Kino?«

Keiner von uns war jemals im Kino gewesen, aber ich fand es doch nicht so schrecklich wie Betsie. Wir haben es Hardy nicht verboten, versuchten aber alles für unsere jungen Gäste so anziehend zu gestalten, daß sie für solche Dinge nicht allzuviel Interesse hatten.

Ich trieb gern Sport mit ihnen. Wir wanderten auch viel, und dabei

Hier unterrichte ich in einem der berühmten Turnklubs

sprachen wir von allem möglichen. Das war wertvoller als alle »Vorträge«, die wir ihnen hätten halten können. Während unserer Wanderungen hatten wir viel Spaß. Einmal gingen wir mit einem meiner Klubs zu Fuß nach Amsterdam. Das waren achtzehn Kilometer. Wir hatten Brote mitgenommen und sangen, wenn die gute Stimmung ein wenig nachließ. Unsere Pflegekinder waren die begeistertsten von allen.

Wir hatten auch Turnunterricht, obwohl ich selber keine gute Schülerin war. Meine Füße taten anscheinend nie, was mein Gehirn ihnen befahl. Wir arbeiteten an den Geräten und hatten eine große Reihe von Lehrern, die alle nach ihrer eigenen Methode unterrichteten. Die deutsche Methode war anders als die französische und diese beiden waren wieder anders als die schwedische. Ich lernte ein Vogelnest auf dem Barren machen, aber ich war ein komischer Vogel im Vergleich zu meinen Klubmädchen.

Nach einer halben Stunde Turnen pfiff ich auf meiner kleinen Pfeife, und wir hatten eine kurze »Bibelstunde«, die von zwei bis fünf Minuten dauerte, gewöhnlich in Form von Geschichten, die irgendeine biblische Wahrheit unterstrichen.

So erzählte ich zum Beispiel die Geschichte des alten Mönchs. »Es war einmal ein alter Mönch, der am Heiligabend immer ein Weihnachtslied für seine Brüder im Kloster sang und für die Besucher, die zu diesem Gottesdienst aus dem Dorfe kamen. Er hatte eine schlechte Stimme, aber er liebte den Herrn und sang von Herzen. Einmal sagte der Abt des Klosters: ›Es tut mir leid, Bruder Don, aber wir haben jetzt einen Mönch, der eine sehr schöne Stimme hat . . . er wird zu Weihnachten singen.‹ Der Mann sang so wunderschön, daß jeder beglückt war.

Aber in der Nacht kam ein Engel zum Abt und sagte: ›Weshalb wurde in der Heiligen Nacht nicht gesungen?‹

Der Abt war sehr erstaunt. ›Es wurde wunderschön gesungen. Hast du es nicht gehört?‹

Der Engel schüttelte traurig den Kopf: ›Vielleicht hat es euch begeistert, aber wir haben es im Himmel nicht gehört.‹

Wißt ihr, der alte Mönch mit der rauhen Stimme hatte eine persönliche Verbindung mit dem Herrn Jesus, aber der junge Mönch sang zu seiner eigenen Ehre, nicht zur Ehre des Herrn.«

»Das ist eine schöne Geschichte, Tante Kees«, keuchte Puck, während sie versuchte, am Barren eine Übung zu machen und gleichzeitig zu reden. (Sie nannte mich wie alle Klubmädchen bei meinem Spitznamen.) »Steht sie in der Bibel?«

»Nein, Puck, aber die Bibel sagt: ›Wenn aber jemand Gott liebt, der ist von ihm erkannt‹ (1. Kor. 8,3). Glaubst du, daß Gott den jungen Mönch kannte?«

Die Mädchen besuchten das Lehrerinnenseminar und konnten die kernigen, biblischen Wahrheiten in Form von kurzen Geschichten sehr gut gebrauchen.

Eines Tages erzählten sie uns von Miep, einem Mädchen in ihrer Klasse, das so oft weinte. Hans war besonders besorgt um sie, und beim Abendessen fing sie davon an.

»Heute habe ich mit Miep gesprochen und erfahren, daß sie bei Verwandten wohnt. Ihre Eltern sind in Belgien. Sie kann anscheinend nicht essen. Aber ihre Verwandte hat zu ihr gesagt, daß sie nicht eher in die Schule gehen dürfe, als bis sie mit dem Essen fertig sei. Deshalb kommt sie fast immer zu spät. Sie hat es dort gar nicht gut und möchte lieber nicht mehr hin.«

Am 14. Juni 1931. Die ten Boom-Familie mit Pflegekindern

»Bitte, Tante Betsie, Tante Kees, nehmt Miep doch zu uns«, sagte Puck. »Sie ist wirklich sehr nett, aber sie ist so unglücklich. Wir zwei können ja in einem Bett schlafen.«

Am nächsten Tag besuchte Betsie die Verwandten. Es waren nette Leute, sie verstanden aber wenig von der Erziehung eines Teenagers. Sie waren einverstanden, daß wir Miep eine Zeitlang zu uns nahmen.

Als Miep kam, hieß Betsie sie herzlich willkommen. »Hör mal, Miep, hier braucht keiner zu essen, der nicht will . . . Hier ist die Brottrommel. Wenn du Hunger hast, kannst du dir selber etwas zu essen machen.«

Miep wurde schon bald ein fröhliches, unbekümmertes Mädchen, voller Humor und mit einem normalen, guten Appetit.

Jetzt, wo sieben Kinder im Hause waren, ging es in der Beje noch lebhafter und geräuschvoller zu. Abends saß Vater im Wohnzimmer, von seiner zweiten Familie umgeben, und schrieb fleißig an seinem Wochenblatt, ohne auf den Lärm um ihn herum zu achten. Ab und zu blickte er auf und lächelte einem der Kinder zu.

Die Mädchen hatten es immer eilig, in einen der Klubs zu gehen oder ihre Schularbeiten zu machen. Sie versuchten, die Abendandacht zu verkürzen; aber Vater durchschaute sie.

Einmal sagte Puck: »Opa, laß uns heute abend den 117. Psalm lesen.«

»Oh, Puck, ich möchte heute gerade den 119. Psalm lesen.«

Ein Besucher sagte einmal zu Vater, daß er sich über den Lärm und das Lachen in unserm Hause wundere. Vater erwiderte: »Unsere Kinder sind sehr lieb . . . sie streiten sich nie und sind immer bereit, einander zu helfen. Es sind richtige Engel.«

Ich seufzte und ging hinauf zu Puck, die in ihr Zimmer geschickt worden war, weil sie auf so »engelhafte« Weise gesagt hatte: »Ich hasse Lessie!«

Sie saß auf ihrem Bett in der herausfordernden Haltung, die Kinder annehmen, wenn sie wissen, daß sie Strafe bekommen.

»Puck, weißt du nicht, daß Jesus gesagt hat, daß in Gottes Augen Haß dasselbe ist wie Mord? Er hat uns gelehrt, daß wir unsere Feinde lieben sollen«, sagte ich.

»Nun, ich kann Lessie nicht lieben!«

»In Römer 5,5 sagt Paulus: ›. . . die Liebe Gottes ist ausgegossen in unser Herz durch den Heiligen Geist, welcher uns gegeben ist.‹ Wenn du dem Heiligen Geist in deinem Herzen Raum machst, wird er dir seine Liebe schenken. Sie ist ein Teil der Frucht des Geistes – und diese Liebe versagt nie.«

Puck blickte auf, Tränen in den Augen. »Aber, Tante Kees, was soll ich denn tun? Es sind so häßliche Gedanken in meinem Herzen.«

»Johannes sagt: ›Wenn wir aber unsere Sünden bekennen, so ist er treu und gerecht, daß er uns die Sünden vergibt und reinigt uns von aller Ungerechtigkeit‹ (1. Joh. 1,9). Jesus wird dein Herz mit seinem Blute reinigen, und dann wird er dich mit seiner Liebe erfüllen. Wollen wir ihm nun zusammen alles sagen?«

Pucks Gesicht entspannte sich. Auch ihre Muskeln entspannten sich, und sie beugte den Kopf, als wir zusammen beteten. Puck und Lessie wurden die besten Freundinnen.

Viele Jahre später war Puck während des Zweiten Weltkriegs in einem japanischen Konzentrationslager in Indonesien. Die Wärter waren sehr roh. Oh, wie brauchte sie den Heiligen Geist, damit er ihr Liebe für ihre Feinde schenkte! Sie war verheiratet, und ihr Mann, Fritz, war in einem Konzentrationslager in Birma und später in Japan. Als sie befreit wurde, wog sie nur noch 75 Pfund. Fritz überlebte die

Jahre der Gefangenschaft ebenfalls und wog noch 106 Pfund, als er entlassen wurde.

Nach dem Kriege erzählte mir Puck: »Ich dachte immer, wenn ich mich fragte, ob ich lebend herauskommen werde: ›Ob meine Eltern in Holland die Kraft haben werden, die Entbehrungen des Krieges zu ertragen? – Aber ich weiß, daß Opa und Tante Betsie und Tante Kees da sein werden.‹ Das gab mir ein Gefühl der Geborgenheit. Wenn ich geschlagen wurde, dachte ich an dich und Opa und an das, was du zu mir gesagt hattest über die Feindesliebe.«

Pucks Eltern lebten noch, als sie nach dem Krieg zurückkehrte. Opa und Tante Betsie waren nicht mehr da; aber was sie Puck gelehrt hatten, blieb. ». . . der Gerechte wird nimmermehr vergessen« (Ps. 112,6).

Obwohl Betsie und ich nie heirateten, empfingen wir sehr viel Liebe von all »unsern« Kindern, und wir konnten ihnen so viel von unserer Liebe geben. In einem Hause voller Teenager ging es jedoch nicht ohne Komplikationen zu. Es war vieles mit dem Herrn zu besprechen, täglich! Manchmal war nicht viel Geld da. Wenn sie neue Schuhe brauchten, mußten sie warten, bis wir das Geld dafür hatten. Karton oder Zeitungspapier, das in die Schuhe geschoben wurde, war eine häufige Notmaßnahme.

Wir teilten Freud und Leid mit ihnen allen. Wenn ich eine teuere Uhr verkaufte, kam ich ins Wohnzimmer, blieb in der Tür stehen und kündigte in eindrucksvoller Weise an:

»Meine Damen und die beiden anwesenden Herren! Ich teile Ihnen allen mit, die Sie in diesem wichtigen Augenblick zugegen sind, daß Frau van der Hoeven soeben die goldene Alpina gekauft und bar bezahlt hat!«

Alle jauchzten und riefen Hurrah!

»Jetzt kann ich meine Schuhe bekommen.«

»Und ich meinen Unterrock.«

Wenn die Lage ernst war, beteten wir zusammen, und wir vergaßen nie, Gott später zu danken. Wir lebten als eine echte Familie zusammen.

Betsie hielt die Verbindung mit den Eltern unserer Pflegekinder in großartiger Weise aufrecht. Sie schrieb ihnen jede Woche. Wenn eins der Mädchen ein neues Kleid bekommen hatte, machte sie ein Foto

Vater mit zwei seiner Enkel. Hinter ihm stehen Corrie, Hans, Martha Treckmann, Puck, Betsie, Lessie

und schickte es den Eltern zusammen mit einem Stückchen Stoff.

Marijke war die einzige, die in der Schule Mühe hatte. Sie lernte als Kindergärtnerin und liebte Kinder, hatte aber schreckliches Examensfieber. Einmal fiel sie durch, und es war schwer, sie dazu zu bringen, es noch einmal zu machen.

Sie liebte Opa besonders – wie alle Kinder. Am Abend vor dem Examenstag schrieb er sein Wochenblatt und konzentrierte sich so sehr darauf, daß es fast unmöglich war, ihn zu stören, es sei denn wegen etwas ganz Besonderem.

Er legte die Feder hin, als Puck den Tee hereinbrachte. Sie hatte Plätzchen gebacken, und jeder mußte diesem Hochgenuß seine Aufmerksamkeit widmen.

»Ich gehe morgen nicht ins Examen«, erklärte Marijke.

»Weshalb denn nicht?« fragte Vater, sofort um eines seiner Kinder besorgt.

»Ich werde doch wieder durchfallen.«

Vater lächelte. »Hör mal, Marijke, du hast dein Bestes getan, und wahrscheinlich schaffst du es nicht allein. Aber Paulus hat gesagt: ›Ich kann alles durch Christus, der mir Kraft gibt.‹ Glaubst du, daß er dir Kraft geben wird, wenn du ihm vertraust?«

»Paulus brauchte nie ein Examen zu machen«, erklärte Hardy mit der Sicherheit eines Teenagers, der die Antwort auf alle Fragen weiß.

»Ich glaube, daß sein Verhör durch Felix ein bißchen schwerer war als das Kindergärtnerinnenexamen«, sagte Lessie. Sie war stolz auf sich selbst wegen dieses Vergleichs. (Wir hatten vor kurzem die Apostelgeschichte studiert.)

»Kann man wirklich um alles beten? Sogar um so etwas Kleines wie ein Examen?« fragte Marijke mit neuem Interesse.

Vater lehnte sich in seinem Sessel zurück, wärmte die Hände an der heißen Teetasse und war froh über die Gelegenheit, von der Bibel zu sprechen. »Paulus sagt in Philipper 1,27 – ›Wandelt nur würdig des Evangeliums Christi . . .‹ Für den, der dem Herrn gehört, gibt es nichts, was er in eigener Kraft zu überwinden braucht. Die Haare auf eurem Haupte sind sogar gezählt. Gibt es etwas Unbedeutenderes als ein Haar?«

»Aber, Opa«, sagte Puck, »gestern habe ich mein Französisch nicht gelernt, weil ich Plätzchen gebacken habe. Das war lustiger als das

Wir drei mit zwei unserer Pflegekinder

dumme, alte Französisch. Deshalb habe ich heute morgen gebetet, daß ich nicht an die Reihe kommen möchte. Aber Gott hat mir nicht geholfen. Ich kam an die Reihe – und es wurde eine große Hudelei!«

»Das wundert mich nicht«, schmunzelte Vater. »Wenn du nicht lernst, kannst du nicht erwarten, daß der Herr dir hilft.«

Hardy fügte mit einer plötzlichen Erkenntnis, die mich sehr erfreute, hinzu: »Ich habe bemerkt, daß ich, wenn ich für etwas Unrechtes beten will, es einfach nicht kann.«

Jahre später mußte ich eine andere Lektion lernen über Beten für etwas, das nicht ganz recht ist.

Es war 1945, kurz nach dem Kriege. Ich fuhr in die Schweiz. Ich hatte dort in vielen Versammlungen gesprochen, hatte aber auch meine früheren Freunde unter den Uhrmachern, von denen ich vor vielen Jahren das Fach gelernt hatte, besucht. Ich kaufte dort einige Uhren. In Holland gab es noch sehr wenig Einfuhrartikel, und es war ziemlich kompliziert, Schweizer Uhren zu kaufen.

Als ich meine Uhren in den Koffer packte, lächelte ich; denn wir hatten in der Zeit der Untergrundarbeit, als wir bei der Rettung von Juden manches in unserm Gepäck versteckten, viel gelernt. Gewiß würde keiner meine drei Uhren finden!

Ehe ich zum Bahnhof ging, betete ich, wie immer, wenn ich auf Reisen gehe.

»Herr, bewahre uns vor Unglück! Segne den Zugführer, und gib ihm Weisheit. Laß die Reise ein Segen für unsere Mitreisenden sein und, Herr . . . laß das Schmuggeln . . . Schmugg . . .« (Ich hatte sagen wollen: »das Schmuggeln der Uhren gelingen«, aber ich konnte es nicht).

Im Augenblick, als ich deswegen beten wollte, wußte ich, daß es Sünde war. Schmuggeln, damit man nichts zu zahlen braucht, ist Diebstahl. Ich schmuggelte meine Uhren nicht und erlebte wieder einmal, daß das Gebet einen erziehen kann. Es geht nicht an, für etwas, das nicht recht ist, zu beten.

Als die Mädchen älter wurden und entdeckten, daß Jungen mehr als nur eine Plage waren, wurde zur Beantwortung ihrer Fragen mehr von uns verlangt. Während unserer Spaziergänge war es leicht, miteinander zu sprechen, trotz des Altersunterschieds. Als Regel machten wir am Sonntagnachmittag einen Spaziergang, da die Wochentage mit Arbeit und Schularbeiten angefüllt waren. Wenn wir von Haarlem durch die Dünen nach Zandvoort wanderten, die Sonne warm auf unsere Gesichter schien und der Sand uns zum Sonnenbaden einlud, lagen wir auf dem Rücken und sprachen von . . . nun, eben von all dem, wovon Mädchen sprechen.

»Tante Kees, warst du jemals verlobt?«

»Tante Kees, möchtest du einen Mann haben? Findest du es schwer, unverheiratet zu sein?« Wenn die Mädchen einmal anfingen, konnten sie Fragen stellen – so schnell, wie sich der Sekundenzeiger in einem präzisen Uhrwerk dreht.

»Ihr wilden Rangen! Das ist etwas sehr Wichtiges, wenn ihr euer Leben als junge Frauen beginnt.« Ich fühlte keinen Schmerz und kein Leid, nur Freude, als ich von Karel erzählte.

»Es war einmal eine Zeit in meinem Leben, da dachte ich, daß ich einen jungen Mann, der mich liebte und den ich liebte, heiraten würde. Er wollte Pfarrer werden und kam aus einer großen Familie, in der manche Pfarrer waren. Sie hatten die üblichen finanziellen Probleme.

Seine Mutter war nicht damit einverstanden, daß wir heirateten. Sie wollte, daß er ein reiches Mädchen heiraten sollte.

Vater, von Pflegekindern umringt. Ich stehe hinter ihm

Wie schwer hatte ich es damals! Als er mich mit dem reichen Mädchen, das er zu heiraten im Begriff war, bekanntmachte, hatte ich das Gefühl, diesen Schlag nicht überleben zu können.«

»Was hast du gemacht, Tante Kees?«

»Ich ging in mein Zimmer und besprach es mit dem Herrn. Wenn ich mich recht erinnere, war es ungefähr so: ›Herr, ich will dir mit Leib, Seele und Geist gehören. Ich beanspruche deinen Sieg, Herr Jesus, über diese Wunde, die mich schmerzt. Laß deinen Sieg, auch in meinem Leben als Frau, offenbar werden!‹

Ich analysierte nicht genau, was ich brauchte, aber es ist so herrlich, daß wir dem Herrn keine genaue Diagnose vorzulegen brauchen. Er weiß trotzdem, wie er heilen muß.«

»Hast du sofort siegen können?«

»Nein, es gab noch Kampf, ziemlich schweren Kampf. Aber dann heilte mich der Herr, und der Schmerz kam nicht wieder. Der Herr gab und gibt mir ein sehr glückliches Leben. Ich besitze die Liebe von euch allen, und ich liebe euch. Mein Leben ist gar nicht langweilig. Das Beste ist, daß, wenn Jesus solch eine Wunde heilt, er eine Erfüllung gibt, die dem Himmel ein wenig ähnlich ist – einen Frieden, der alles Denken übersteigt. Wir unsererseits brauchen uns ihm nur zu ergeben.«

Nachdem ich dies erzählt hatte, sagte Puck: »Jetzt verstehe ich besser, was Opa gestern gesagt hat: ›Unsere Zeiten sind in seiner Hand.‹«

Er bringt dich sicher nach Hause

Es war Mitte Mai 1940. Damals waren alle Kinder fort. Entweder hatten sie irgendwo eine Arbeit, oder sie waren verheiratet. Es war eine angstvolle und verwirrende Zeit in unserm Vaterland.

Hitler und Göring hatten einen schweren Bombenangriff auf Rotterdam befohlen – und wir waren entsetzt! Die Holländer erlebten den ersten großen Bombenangriff in der Kriegsgeschichte.

Wir waren auf eine solche Heimsuchung überhaupt nicht vorbereitet. Am Morgen des 14. Mai 1940 überschritt ein deutscher Stabsoffizier die Brücke in Rotterdam mit einer weißen Fahne in der Hand und forderte die Übergabe der Stadt. Er warnte, daß die Stadt bombardiert werden würde, wenn sie nicht kapitulierte.

Während der Übergabeverhandlungen erschienen die Bomber und zerstörten das Herz unserer großen Stadt. Mehr als 800 Personen, zum großen Teil Bürger, wurden getötet; mehrere Tausende verwundet und 78 000 verloren Hab und Gut. Rotterdam ergab sich, und die niederländische Armee ebenfalls. Danach flohen unsere geliebte Königin Wilhelmina und die Regierung nach London.

Der deutsche Moloch hatte sich in Bewegung gesetzt. Eine Panzerarmee, zahlenmäßig und an Kampfvermögen größer als jede bisher mobilisierte Panzermacht, zog durch die Ardennen. Wir lasen, daß sich diese Panzer in drei Reihen in einer Länge von 160 km vom Rhein aus erstreckten, die französischen Linien durchbrachen und zum englischen Kanal vorstießen.

Unsere Hans war damals schon verheiratet, hatte zwei Kinder, und erwartete das dritte. Ihr Mann war Lehrer. Während des schrecklichen Bombenangriffs wohnten sie nicht weit von Rotterdam. Sie flohen in ein Dorf und wohnten später in Nijmwegen, auch als diese Stadt bombardiert wurde und dann in der Frontlinie lag. Immer sagten sie zueinander und zu ihren Kindern das, was sie von Opa gelernt hatten: »Wenn Jesus deine Hand nimmt, hält er dich fest. Wenn Jesus dich festhält, führt er dich durch dein ganzes Leben. Wenn Jesus dich durch dein Leben führt, bringt er dich sicher nach Hause.«

14. Auch die Geringsten unter ihnen.

Neben der Arbeit im Geschäft, der Klubarbeit und der Versorgung unserer Kinder gab es weiterhin Bibelunterricht in den Schulen. Eine dieser Klassen bestand aus Kindern mit Lernschwierigkeiten. Wie herrlich war es zu wissen, daß der Heilige Geist keinen hohen IQ (Intelligenzquotienten) bei einem Menschen braucht, um sich ihm zu offenbaren! Auch Menschen mit normaler oder sehr großer Intelligenz brauchen den Herrn, um die geistlichen Wahrheiten zu verstehen, die nur geistlich wahrgenommen werden können.

Gott gab mir eine große Liebe für diese »außergewöhnlichen« Kinder. Ich ging in die Schulen und erzählte biblische Geschichten. Wenn ihre Gesichter freudig aufstrahlten, fühlte ich mich belohnt.

Manchmal stellte ich Fragen, um zu sehen, ob sie das, was ich erzählt hatte, verstanden. Einmal beantwortete ein schwachsinniges Mädchen eine meiner Fragen, die jemand von normaler Intelligenz vielleicht in Verwirrung gebrachte hätte. Ich fragte: »Was ist ein Prophet, und was ist ein Priester?«

Es antwortete: »Beide sind Botschafter zwischen Gott und den Menschen.«

Ich fragte weiter: »Sind sie denn dasselbe – der Prophet und der Priester?«

Sie dachte ein wenig nach und erwiderte dann: »Nein, ein Prophet wendet Gott den Rücken und uns das Gesicht zu – und ein Priester wendet Gott das Gesicht und uns den Rücken zu.«

Ich war nicht sicher, ob sie das vielleicht auswendig gelernt hatte, und deshalb fragte ich sie: »Was war ich denn heute?«

Sie sagte: »Sie waren beides – Sie erzählten uns von Gott, da waren Sie Prophetin. Dann haben Sie gebetet, nicht für sich selbst, sondern für uns – da waren Sie Priesterin.«

Diese Antwort gab ein nicht voll entwickeltes Kind! Wenn man das Evangelium verkündet, ist es der Heilige Geist, der wirkt.

Ich versuchte, die Kinder auch andere Dinge zu lehren, jedoch mit viel weniger Erfolg. Einmal wollte ich ihnen etwas über die Sterne beibringen. Ich nahm weiße Bohnen mit in die Schule und legte mit ihnen die Form der Sternbilder auf den Tisch. Ich zeigte ihnen Orion und dann besahen sie die Form, in der die Bohnen lagen, und alle wußten es genau. Dann nahm ich sie eines Abends mit ins Freie und sagte: »Guckt mal Kinder, dort ist der Orion! Seht ihr ihn?«

Sie schüttelten den Kopf. »Nein, Tante Kees, es sind weiße Bohnen am Himmel.«

Sie verstanden nicht, was ich ihnen über die Sterne erzählte, aber die göttlichen Wahrheiten schienen sie gut zu verstehen.

Wenn Sie mit geistig behinderten Menschen in Berührung kommen, dann erzählen Sie ihnen doch, daß Jesus sie liebt. Oft verstehen sie Gottes Liebe besser als andere Menschen, die Schwierigkeiten haben, weil sie mit dem Verstand zweifeln.

Paulus schrieb in 1. Kor. 1,20: »Wo sind die Klugen? Wo sind die Schriftgelehrten? Wo sind die Weltweisen? Hat nicht Gott die Weisheit dieser Welt zur Torheit gemacht? Denn weil die Welt durch ihre Weisheit Gott in seiner Weisheit nicht erkannte, gefiel es Gott wohl, durch törichte Predigt zu retten, die daran glauben.«

Manche werden vergessen

Vater teilte mein Interesse und meine Versuche, den geistig Behinderten und Gestörten zu helfen. Er hörte einmal von einem Dienstmädchen, daß in einer psychiatrischen Klinik eine Frau sei, die nie Besuch bekäme.

Vater, Betsie und ich beteten für diese Frau, und dann ging ich in das Krankenhaus. Es kostete mich einige Stunden, und als ich die Frau endlich gefunden hatte, bemerkte ich, daß sie klar denken konnte, obwohl ihr Verstand ein wenig getrübt war. Auch war sie körperlich krank und konnte das Bett nicht verlassen.

»Darf ich mich vorstellen? Ich bin Corrie ten Boom. Ich möchte Sie besuchen«, sagte ich.

Sie sah mich an und hatte Tränen der Freude in den Augen.

»Hat Gott Sie gesandt?«

»Ja, gewiß . . . und ich freue mich darüber, denn ich möchte, daß Sie meine Freundin werden. Wollen Sie das?«

»O ja«, sagte sie sofort. »Wollen Sie mich bitte ab und zu besuchen? Können Sie mir etwas von Jesus erzählen?«

Ich dachte einen Augenblick nach. Wieviel wußte diese Frau? Welche biblische Geschichte könnte ihr helfen? Ich betete, und dann erzählte ich ihr vom guten Hirten, der das verirrte Schaf nach Hause brachte.

Wir wurden wirkliche Freundinnen, obwohl wir so verschieden waren! Ich war eine gesunde, normale junge Frau und sie eine ältere Frau mit einem getrübten Verstand. Ich bin sicher, daß der Herr uns zusammenführte.

Oft, an einem sehr besetzten Arbeitstag, wenn viele Uhren auf Reparatur warteten, sagte Vater zu mir: »Warum besuchst du Alida heute nicht? Ich mußte an sie denken . . . vielleicht fühlt sie sich einsam.«

Guter Vater! Es bedeutete mehr Arbeit für ihn, denn zu einem Besuch bei dieser Freundin brauchte ich mindestens vier Stunden.

Bei einem Besuch sprachen wir längere Zeit über den Himmel. Zwei Tage später telefonierte die Krankenschwester: »Alida ist plötzlich gestorben. Können Sie uns die Adresse ihrer Verwandten geben?«

Tränen kamen mir in die Augen, aber ich dankte dem Herrn, daß sie jetzt bei Ihm war – im Himmel, von dem wir kürzlich noch gesprochen hatten. »Es tut mir leid«, sagte ich zur Krankenschwester, »aber ich weiß nichts von Alidas Verwandten.«

»Aber Sie waren doch mit ihr befreundet«, antwortete sie.

»Einmal habe ich sie gefragt, ob sie Geschwister habe. Sie sagte mir, daß diese sie vor Jahren ins Krankenhaus gebracht hätten. Sie hätte seitdem nie mehr etwas von ihnen gehört und wüßte nicht, ob sie noch lebten und, wenn ja, wo sie wohnten.«

Vater sagte an jenem Abend: »Corrie, ich glaube, daß diese Freundschaft und die Zeit, die du dieser armen Frau geschenkt hast, Gottes Liebe für die Verachteten und Verlorenen besser gezeigt hat als alle Arbeit, die du sonst getan hast. Ich bin sicher, daß es in Gottes Augen wertvoll war.«

Ein Junge, der Henk hieß

Henk gehörte zu meiner Bibelklasse für geistig Behinderte. Er kam aus einer Familie mit elf Kindern, und es war für seine arme, müde Mutter schwer, sich viel um ihn zu kümmern.

An diesem einfältigen Jungen sah ich wieder einmal, in wie wunderbarer Weise der Heilige Geist sich Menschen mit einem niedrigen IQ offenbart.

Eines Tages besuchte ich Henk zu Hause, und seine Mutter begrüßte mich so dankbar. »Henk spricht so oft von den Geschichten, die Sie in Ihrer Bibelstunde erzählen. Von allen andern Stunden behält er nichts, aber wenn er aus Ihrer Stunde kommt, erzählt er seinen Geschwistern davon.«

»Ist Henk zu Hause?«

»Er ist oben in seinem Stübchen . . . in der Ecke des Dachbodens. Er ist meistens dort . . . eigentlich ist er das Kind, das mir am wenigsten Mühe macht. Wir wissen, daß er nie ein Professor oder sonst etwas Bedeutendes werden wird, aber er hat Arbeit und bekommt einen Lohn – er ist in einer staatlichen Werkstatt, wo er den ganzen Tag Stecknadeln herstellt. Der liebe Junge, er ist so zufrieden; aber wenn er nach Hause kommt, ist immer so viel Lärm, daß er in sein Dachstübchen geht.«

Ich ging hinauf und fand Henk auf den Knien vor einem Stuhl. Vor ihm lag ein altes, etwas schmutziges Bild von Jesus am Kreuz. Ich blieb an der Tür stehen, denn Henk sang. Seine Stimme war leise und ein wenig heiser:

O Herr, aus Banden, Trübsal und Nacht
  komm' ich zu Dir, komm' ich zu Dir.
Du hast mir Freiheit, Freud', Licht gebracht –
  Jesus, ich komm' zu Dir.
Aus dem Verderben, das keiner ermißt,
in das Vollkommene, wo ich, Herr Christ,
in ew'ger Seligkeit bin, wo Du bist.
  Jesus, ich komm' zu Dir.

Einige Zeit später hörte ich, daß Henks Mutter in sein Stübchen gekommen war und ihn vor dem Stuhl gefunden hatte, das Bildchen von Jesus in der Hand. Er war daheim beim Herrn. Als ich von seinem Tode hörte, fragte ich mich, ob er in jenem letzten Augenblick gesungen habe: »Jesus, ich komm' zu Dir.«

Else, eine Patientin in einer psychiatrischen Klinik, die sang: »O Herr, aus Banden . . . komm ich zu Dir«

Dreißig Jahre später

Es war nach dem Zweiten Weltkrieg und ich arbeitete in der DDR. In einer gewaltigen Kathedrale verkündigte ich das Evangelium. Dann ging ich in einen Nebenraum, um mit Menschen persönlich zu sprechen. Es waren noch viele, die Hilfe brauchten und draußen in einem andern Raum warteten. Ich hörte ein sehr lautes Gespräch, es war, als ob alle dort gleichzeitig sehr laut sprachen. Plötzlich war es still, und ich hörte eine sehr zarte, schöne Stimme singen. Es war Henks Lied: »O Herr, aus Banden, Trübsal und Nacht, komm' ich zu Dir.«

Ich öffnete die Tür des Zimmers, wo die Menschen warteten, und sah ein Mädchen von etwa vierzehn Jahren. Ihr Gesicht glich dem eines Engels, und es war etwas so Rührendes an ihr, daß viele im Zimmer weinten. Die Mutter des Mädchens stand neben ihr und hielt ihre Hand fest.

Als sie zu mir ins Zimmer kamen, erfuhr ich, daß das Mädchen Else hieß, und ich sah sofort, daß es kein normales Kind war.

»Else, wo hast du dieses Lied gelernt?« fragte ich sie freundlich.

»Im Gefängnis . . . ein Mann lehrte es mich, und ich sang es jeden Tag.«

»Weshalb war Else im Gefängnis?« fragte ich ihre Mutter.

»Mein Mann ist Kommunist. Else ist ein zurückgebliebenes Kind. Sie liebt den Herrn Jesus und spricht oft von ihm, aber ihr Vater ist Atheist und Führer in seiner Partei, deshalb war es ihm ein Leichtes, Else ins Gefängnis bringen zu lassen. Vor kurzem bekamen wir sie heraus . . . Es war so schrecklich kalt in dem Gefängnis, daß die Wärter selbst mir geholfen haben, Else herauszubekommen. Sie hörten sie singen und hatten ihre Freude daran, und Else erzählte ihnen oft von ihrem Herrn.«

Meine Lippen bebten, als ich Elses Hände festhielt, und ich dachte an so vieles . . . an die Bibelstunden in Holland . . . an Henk in seinem Dachstübchen . . . und an das, was Vater zu mir gesagt hatte: »Corrie, was du für diese Menschen tust, ist in den Augen der Menschen von wenig Bedeutung, aber ich bin sicher, daß es in Gottes Augen die allerwertvollste Arbeit ist.«

15. Führer und Fehler

Ich liebte die Aktivität, die Spannung, die Freude, zu sehen, wie Menschenleben sich veränderten. Es war klar, wonach die Jugend sich sehnte; denn die Klubs vervielfältigten sich schnell.

Einmal im Monat trafen sich die Vertreterinnen aller Klubs. Sie machten Vorschläge und Pläne. Wir hatten viele Interessengruppen: Basteln, Nähen, Klavier, Harmonium, Chor. Wenn einige Mädchen mit andern Interessen eine andere Gruppe notwendig machten, suchten wir eine Leiterin und fingen einen neuen Klub an.

Die Musikgruppe leitete ich selbst. Musik war immer ein wesentlicher Bestandteil meines Lebens, und ich liebte die Arbeit mit den Mädchen. Unser Klub hatte acht Mitglieder; sieben Mädchen lernten dann an einem Tisch Harmonielehre und Musiktheorie, während eine am Klavier oder Harmonium saß. Infolgedessen hatte jedes Mädchen die lange Zeit von fünf oder zehn Minuten zum Spielen.

Wie viele Fehler machte ich in diesem Klub! Wenn ich sie hätte lehren müssen, wie man Uhren repariert, hätte ich genau gewußt, was ich tat. Aber jedesmal, wenn mich jemand vertrat, wurde mein Mangel an wirklicher Musikkenntnis in erschreckender Weise offenbar! Meine Vertreterin war Anna, eine Dame mit vielen Diplomen des Musikkonservatoriums. Wenn sie meinen Orgel- und Klavierklub übernahm, litten ihre geübten Ohren – milde gesagt. Die liebe Anna, ich lernte so viel von ihr! Niemals weigerte sie sich, mir zu helfen. In ihrer schüchternen, stillen Art wies sie mich liebevoll auf einige der dummen Fehler hin, die ich im Unterricht gemacht hatte. Sie war aber nicht hart in ihrer Kritik und verbesserte mich in liebevoller Weise. Dadurch war sie mir ein Vorbild.

Ich liebte den Musikklub, aber die kurze Wortverkündigung war für mich der wesentliche Teil des Abends. Sie bestand nicht aus theologischen Studien, sondern aus Geschichten aus der Bibel und über das Leben anderer Gläubiger. Sie wurden absichtlich kurz gehalten. Manche der Klubmädchen rechneten zwar mit diesem Teil des Abends, aber er war andern nicht gerade nach ihrem Geschmack. Sie ertrugen ihn um der Fröhlichkeit willen, die in den Klubs herrschte.

Wir hatten ein Thema für alles, was wir taten. Es lautete: »ER im

Mittelpunkt der Klubs.« Und das führten wir buchstäblich durch – die Botschaft kam mitten am Abend. Wir wußten, daß manche ihr durch Zuspätkommen aus dem Weg gehen würden, wenn wir sie am Anfang hielten; hielten wir sie später am Abend, dann würden sie früher fortgehen.

Viele Samenkörner jedoch fielen auf fruchtbaren Boden, und als die Mädchen anfingen, ihr Herz zu öffnen und Fragen über Jesus zu stellen, beschlossen wir, einen Klub für Religionsunterricht anzufangen. In dieser Gruppe konnten sie genug lernen, um Kirchenmitglieder zu werden. Manche nannten sie die Konfirmationsgruppe.

Den Heidelberger Katechismus liebte ich besonders (nicht alle 52 Sonntage, aber viele davon). Ich übersetzte die altmodische und schwerfällige Ausdrucksweise in die Alltagssprache, die meine Mädchen verstehen konnten. Es war erstaunlich, wie sehr sie sich darüber freuten und es sich zu eigen machten.

Von den Pastoren wurde mein Unterricht aber nicht immer mit Begeisterung aufgenommen.

Wenn man Mitglied der niederländischen Reformierten Kirche werden wollte, mußte man vom Pfarrer in Gegenwart der Ältesten und Diakone geprüft werden. Das erste Mal hatte ich nur wenige Konfirmanden, und deshalb lud mich der Pfarrer ein, zu den von ihm selbst unterrichteten neuen Mitgliedern hinzukommen. Es war ein interessantes Erlebnis.

Zuerst fragte der Pfarrer eine seiner Schülerinnen etwas Einfaches. »Wer war der erste Mensch auf Erden?«

Schweigen. Verlegenheit.

Er half ein wenig nach und sagte: »Der Name fängt mit A an.«

Sie antwortete stolz lächelnd: »Das muß Abraham gewesen sein.«

Der Pfarrer war ganz beschämt.

Meine Schülerinnen studierten die Bibel und den Katechismus fleißig. In den letzten Wochen vor der Konfirmation kamen sie öfters zu mir, um das Gelernte zu wiederholen. Einer meiner Konfirmanden wurde gefragt: »Kennst du den Namen eines Richters in Israel?« Ohne zu zögern sagte der Junge die Namen Othniel, Ehud, Samgar, Deborah und die der andern Richter her. Das Prüfungskomitee war beeindruckt.

Eins meiner Mädchen wurde gebeten, die Geschichte einer der

Richter zu erzählen. Sie sagte, daß Gideon sehr schüchtern gewesen sei. Als der Engel ihm erschien, sagte er zu Gideon, er sei, weil der Herr mit ihm sei, ein mächtiger, tapferer Mann. Aber sie fügte hinzu: »Ich würde ihn nicht als Helden erwählt haben. Ich finde, daß er ein Schlappschwanz war. Aber weil der Herr mit ihm war, war er mächtig.«

Später hörte ich von der französischen Erzieherin des Pfarrersöhnchens, daß der Pfarrer, als er nach Hause kam, erklärt hätte: »Ich werde Corrie ten Booms Konfirmanden und die meinen nie wieder zusammen prüfen! Ich habe mich selten so geschämt.«

Eines Tages war es mehr als Verlegenheit. Es kam zu einem richtigen Zusammenstoß. Ich prüfte ein Mädchen vor der Konfirmation und wollte sie nicht zulassen, weil sie nicht glaubte, daß Jesus am Kreuz gestorben war. Sie war über meine Entscheidung sehr unglücklich und sagte: »Ich bin nicht religiös wie Sie, aber ich möchte Kirchenmitglied werden. Es ist vornehm, und das liebe ich. Außerdem schenkt meine Mutter mir ein neues Kleid für diese Gelegenheit.«

Ich beharrte auf meiner Weigerung, und sie ging zum Pfarrer. Dieser warf meine Entscheidung um und ließ sie als Mitglied der Kirche zu. Er sagte: »Ich liebe das Bild der Herde. Manche sind Schafe, manche sind es nicht – aber das schadet nichts.«

Er verließ später das Pfarramt und wurde Theologieprofessor an einer Universität.

Leiterinnenausbildung

Als die Klubs und die Arbeit wuchsen, wurde es klar, daß wir der Ausbildung von Leiterinnen mehr Zeit widmen mußten. In den wöchentlichen Zusammenkünften erzählten wir abwechselnd eine biblische Geschichte, und die andern mußten uns dann beurteilen.

Wir stellten etwa folgende Fragen:
Kam das Evangelium klar zum Ausdruck?
Wie war der Anfangssatz, fesselte er?
War Humor in der Erzählung?
Welche Hilfe lag für die Mädchen für diese Woche darin?
Welche Bedeutung hatte die Geschichte für die Ewigkeit?

Wurden Farben und Bewegungen beschrieben?
Wurde die Situation klar geschildert und gut illustriert?
Inspirierte die Erzählung zur Aktivität, zum Glauben, zum Ausharren?

Probleme wurden besprochen, und dann beteten wir. Wir alle taten diese Arbeit, weil wir sie liebten. Sie machte uns selbst sehr viel Freude, aber wir wußten auch, weshalb sie wichtig war. Es war ein ganz bescheidenes bißchen Arbeit für das Reich Gottes.

Eins unserer Probleme war, daß wir nicht genug erfahrene Leiterinnen hatten. Ein anderes ernstes Problem bestand darin, die nicht guten Leiterinnen loszuwerden. Die schwierigste war »Kipslang« (= Huhnschlange). Die Mädchen hatten ihr diesen Spitznamen gegeben, weil sie beim Erzählen der Geschichte von Adam und Eva gesagt hatte, die Schlange hätte Füße wie ein Huhn gehabt.

Die Mädchen schüttelten sich vor Lachen bei ihrer Adam-und-Eva-Geschichte, und sie weinte in heiliger Entrüstung über ihren Spott. Sollten sie nicht ernsthaft sein, wenn sie eine biblische Geschichte hörten? In Kipslangs Klub war immer Aufregung. Die Mädchen weinten oft wegen ihrer harten Bemerkungen, und daraufhin weinte sie meistens auch. Es war immer laut und unruhig in ihrem Klub, und eines Abends fingen die Mädchen an, mit Stühlen zu werfen. Alles ging durcheinander; aber kein anderer Klub war so beliebt, weil immer etwas passierte!

Es war auffallend: Einmal hatten wir zehn Klubs, die alle aus Absplitterungen von Kipslangs Klub entstanden waren! Die gute Kipslang – sie verursachte uns oft Kopfzerbrechen. Die Klubarbeit war für sie aber gewiß eine Vorbereitung auf die Zukunft. Als ich das letzte Mal von ihr hörte, war sie drei Jahre verheiratet und hatte vor kurzem zum zweiten Male Zwillinge zur Welt gebracht.

Laßt uns zelten!

Während des Sommers organisierten wir Zeltlager. Mädchen und Leiterinnen kamen sich in der Zeit näher als in dem wöchentlichen Beisammensein. Meistens gingen wir in die »Bliscap« (ein altes Wort für Freude). Es war ein einfaches Holzhaus, das etwa sechzig Mädchen beherbergen konnte.

Während eines Zeltlagers in Holland, im Juni 1934

Die Lagerfeuer waren Höhepunkte. Dabei sprachen wir vom Herrn, sangen Lieder und beteten. Die Mädchen hielten die Zeit fürs Lagerfeuer immer genau ein – sie waren Schelme und »nach dem Fall geboren«, aber sie sagten immer: »Beim Lagerfeuer blickt man in die Flammen und hört auf Gott.«

In den Lagern und Freizeiten war eine der größten Gefahren der Klatsch. Wir machten ein Lagergesetz, und einer der Artikel lautete: »Wenn du etwas Negatives von jemand erzählen willst, dann nenne erst zehn positive Eigenschaften dieser Person.«

Wenn während einer Mahlzeit etwas Klatschähnliches bemerkt wurde, sagten wir einfach: »Reich mir das Salz, bitte!«

Unsere Pflegekinder genossen das Klub- und Lagerleben mit mir. Sie waren uns eine große Hilfe, und da wir uns liebhatten, konnte ich mich in vielen Sachen auf sie verlassen. Es war immer eine Freude, sie bei den andern Klubmädchen dabeizuhaben. Die meisten bekamen so viel Übung, daß sie später Klubarbeit tun konnten, wo immer sie in der Welt verstreut lebten.

Meine Mädchen lernten einige der Grundwahrheiten über Leben und Tod in den Lagern. Die beiden Schwestern Toddie und Jannie hatten mehrere Tanten in Holland, bei denen sie einen Teil ihrer Ferien verbrachten. Als sie einmal bei mir in einem Lager waren, wurden sie von einem Onkel benachrichtigt, daß die Tante, die sie am meisten liebten, gestorben sei. Sie hatten gewußt, daß ihr Leben in Gefahr war, da sie die Bluterkrankheit hatte. Sie starb bei der Geburt ihres ersten Kindes. Sie war noch sehr jung, und die Mädchen waren sehr, sehr traurig. Es war das erste Mal, daß ihnen ein geliebter Mensch durch den Tod genommen wurde.

»Möchtet ihr zu eurem Onkel fahren?« fragte ich sie.

»O ja, gerne. Wir können uns jetzt doch nicht mehr freuen, und vielleicht können wir beim Begräbnis helfen.«

»Morgen werde ich euch an die Bahn bringen. Heute abend gibt es keine Verbindung mehr«, erklärte ich.

Ich sah ihre traurigen jungen Gesichter und schlug ihnen vor, einen Spaziergang über die Heide zu machen. Als wir allein waren, ließ ich sie von ihrer Tante erzählen. Ich habe festgestellt, daß das eins der wichtigsten Dinge ist, die man für einen trauernden Menschen tun kann – ihn reden zu lassen von dem Menschen, der von ihm gegangen ist. Toddie und Jannie wußten, daß ihre Tante den Herrn liebte und daß sie sich der Gefahr bewußt war, zu sterben, sobald sie eine Wunde hatte.

Ich hatte mein kleines Neues Testament in der Tasche meiner Uniform und las aus Römer 8,28: ». . . daß denen, die Gott lieben, alle Dinge zum Besten dienen . . .« Und dann: »Denn unsere Trübsal, die zeitlich und leicht ist, schafft eine ewige und über alle Maßen wichtige Herrlichkeit . . .« (2. Kor. 4,17).

Toddie und Jannie wurden in dem Zeltlager mit der Wirklichkeit und der Herrlichkeit des Todes konfrontiert. Einige Jahre später heiratete Toddie ihren Onkel. Das mag sonderbar klingen, aber er war nur neun Jahre älter als sie. Sie bekamen mehrere Kinder und waren sehr glücklich miteinander.

Am Rhein entlang

Eine Reise (die unvergeßlich war) war ein Wander- und Zeltabenteuer mit den Klubmädchen durch Deutschland. Alle Mädchen (die Zeit und Geld für diesen Urlaub hatten) kamen jede Woche in unserm

Unterwegs zu einem Pfadfinderlager. Von links nach rechts: Alie Terschuur, eine Mitarbeiterin; Stien Raaphorst, Leiterin der schwachsinnigen Kinder; Corrie; Atie van Woerden (die älteste Tochter Nollies)

Klubhaus zusammen, um Deutsch zu lernen. Wenn eine einen Satz wußte, der während der Reise gebraucht werden könnte, nannte sie ihn, und dann schrieben alle Mädchen ihn auf Holländisch und auf Deutsch in ihr Notizbuch. Alle konnten etwas Deutsch, bevor wir abreisten. Ich sagte ihnen die deutschen Wörter, und sie schrieben sie phonetisch auf.

Der Rhein war nie so schön wie in jenem Sommer. Ich habe wohl nie eine Auslandsreise so genossen wie damals, als ich mit Mädchen reiste, die noch nie außerhalb des eigenen Landes gewesen waren.

Viele Jahre später wurde eins der Mädchen, das diese deutsche Reise mitmachte, schwer krank. In ihrem Fieber sprach sie von der einzigen Auslandsreise, die sie je gemacht hatte; es war der Höhepunkt ihres Lebens gewesen. Die Erinnerung an diese Reise half ihr jedoch nicht, als sie durch das Todestal gehen mußte. Aber sie war dort nicht allein; denn Jesus war ihr Heiland. Sie hatte ihm in einem der Klubs ihr Herz geöffnet. Das war der wichtigste Zweck unserer

Klubarbeit: Jeden mit IHM in Berührung zu bringen, der unser alleiniger Trost im Leben und im Sterben ist.

Jesus ist die einzige Sicherheit in dieser Welt, auch in der Stunde, da wir sie verlassen müssen.

Dummheit ten Boom

Manchmal denke ich, mein Vorname sei »Dummheit«. Ich machte große Fehler, aber ich darf wohl sagen, daß unsere Klubs trotzdem Erfolg hatten. Ich liebte meine Mädchen und teilte manche ihrer Freuden und Nöte.

Als die Jahre vergingen und manche der Mädchen älter wurden oder andere sich anschließen wollten, wollten einige der Teenager nicht zu einem Klub gehen, in den »ältere Leute« kamen.

»Wir müssen eine Altersgrenze für unsere Klubs festsetzen«, erklärten einige erfahrene Leiterinnen. »Sagen wir mal fünfundzwanzig Jahre.«

Ich protestierte. Es waren einige feine Mädchen dabei, die schon älter waren, und ich mochte nicht daran denken, sie fortschicken zu müssen.

»Ich glaube nicht, daß wir eine Grenze festsetzen müssen – sagen wir einfach: von acht bis achtzig. Weshalb eigentlich nicht?«

Niemand widersprach. Wenn ich eine feste Meinung hatte, war es fast unmöglich, mich davon abzubringen. Und so wurde die Altersgrenze niemals geändert.

Eine Dummheit (die vielleicht in einen Segen verwandelt wurde) war, daß ich einmal einen Ort für ein Lager auswählte, der ziemlich nahe bei einer Kaserne lag. In ihren Mußestunden zeigten die Männer großes Interesse für die Mädchen. Und das war natürlich auch umgekehrt der Fall.

Eines Tages marschierten wir durch das Dorf, als die Soldaten aus der Kaserne kamen. Sie umringten uns von allen Seiten. Ein Offizier, der vor vielen Jahren einer von Tante Jans' Schützlingen und ein täglicher Besucher der Beje gewesen war, erkannte unsere schwierige Lage. Er nahm sein Fahrrad und fuhr neben unserer Gruppe her, während er die Soldaten wegkommandierte. Dann begleitete er uns, bis wir das Lager erreicht hatten.

Einer der Triangelklubs

Dieser Offizier war ein Segen für mich; aber ich bin nicht sicher, daß alle Mädchen so dachten. Die Lagerfeuer wurden ein großes Problem. Wenn die Mädchen sich um das Feuer versammelten, war es, als ob aus allen Bäumen Soldaten wüchsen. Es war schwierig, die Mädchen dazu zu bringen, auf unser Sprechen und Singen zu hören. Ich bat den Offizier um Hilfe, und er erbot sich, jeden Abend zwei zuverlässige Unteroffiziere als Lagerwächter zu schicken. Sie hatten den Auftrag, jeden Soldaten, der näher als einen halben Kilometer an die Zelte und das Feuer kam, zu melden.

So waren jeden Abend zwei Männer mit an unserm Lagerfeuer. Es waren nie dieselben Männer, so daß das Turnussystem sehr gut funktionierte. Später erzählten sie uns, daß »die Mädchenklubwache« ihnen Spaß gemacht habe, und es fehlte nie an Freiwilligen.

Manchmal habe ich mich gefragt, ob ein Same des Evangeliums in die Herzen dieser Männer gefallen sei. Wir wissen es nicht. Gott kann auch mit einem krummen Stock eine gerade Linie ziehen. Er segnet trotz unserer Dummheiten.

16. Sicherheitsnadeln an Uniformen

Wir versuchten auf alle möglichen Weisen, mehr Mädchen in unsere Klubs zu bekommen. Wir bekamen Adressen von Schulen und Kirchen; wir sprachen mit Geschäftsinhabern; wir annoncierten sogar in den Zeitungen. Eines der Mädchen, Annie, kam anläßlich unserer Anzeige, als sie elf oder zwölf Jahre alt war, und sie blieb viele, viele Jahre. Die Anzeige war einfach, aber erfolgreich. Sie lautete: »Gehst du gerne spazieren? Wenn du gern mit andern Mädchen zusammen sein möchtest und gerne Spaß machst, komm ins ten-Boom-Geschäft, Barteljorisstraat 19.«

Der Turnklub war einer der beliebtesten Klubs. Ich arbeitete mit den Mädchen zusammen unter der Leitung kundiger Lehrerinnen, gehörte aber selbst nicht zu den besten Schülerinnen. Im Gegenteil. Meine Mädchen waren viel kräftiger als ich und halfen mir oft, wenn ich einige Übungen nicht fertigbrachte.

Als der Turnklub nach einem Leitwort suchte, schlugen einige der Mädchen vor: »Wir machen gerade, was krumm ist.« Diese Schelme! Sie blickten auf meine Beine und guckten mich dann an, um zu sehen, ob ich verstand, was sie meinten. Durch die Neckereien entstand ein besseres Verständnis. Wir waren Freundinnen, und wenn ich pfiff, setzten sie sich alle und hörten mir zu. Die meisten wußten sehr wenig vom Herrn, und einige gaben ganz offen zu, daß sie kamen, um sich zu amüsieren, und nicht, um geistliche Dinge zu hören.

Eines Tages fiel ich zu Boden, nachdem ich etwas Neues an der Reckstange ausprobiert hatte, was großartig mißlang. Ich sah Greetje in einer Ecke sitzen und schleppte mich zu ihr hin. Da bemerkte ich, daß sie weinte, und fragte sie, ob sie mir nicht erzählen wolle, weshalb.

»Meine ältere Schwester, Betty, wird sterben. Ich habe hier so viel vom Herrn Jesus gelernt, aber sie weiß nichts von ihm.»

»Dann erzähle ihr doch von ihm«, sagte ich.

»Aber wie soll ich das denn machen, Tante Kees? Ich weiß nicht so viel wie du.«

»Erzähle ihr, daß Jesus am Kreuz gestorben ist und die Strafe, die wir verdient haben, getragen hat. Erzähle Betty, daß Jesus sie liebt und gesagt hat: ›Kommt alle zu mir!‹ Das schließt auch Betty mit ein.«

Greetje weinte noch; aber weil sie an der Reihe war, eine Übung zu machen, krabbelte sie hoch und wischte die Tränen ab. Dann kam sie zu mir zurück. »Was soll ich aber tun?«

»Frage Betty, ob sie weiß, daß sie eine Sünderin ist.«

»Das weiß sie.«

»Erzähle ihr, daß jeder Sünder zu Jesus kommen darf. Sie muß ihn um Vergebung bitten, und dann wird er ihr Herz reinigen. Du weißt, was ich euch heute davon gesagt habe. Sie muß Jesus bitten, in ihr gereinigtes Herz zu kommen, aber vorher muß sie sagen: ›Jesus, ich danke dir, daß du für mich gestorben bist.‹«

Greetje verließ mich, weil sie wieder an der Reihe war. Als wir zum dritten Mal zusammen sprachen, sagte ich: »Erzähle Betty auch, daß Jesus gesagt hat: ›In meines Vaters Haus sind viele Wohnungen . . . Ich gehe hin, jedem, der mir gehört, eine Stätte zu bereiten.‹ Wenn Betty Jesus ihr Herz öffnet, gehört sie ihm. Das ist sicher.«

Während einiger Turnabende unterrichtete ich Greetje weiter, wie sie Betty zum Herrn bringen konnte. Nach einigen Wochen wurde ich eingeladen, sie zu besuchen. Greetje begrüßte mich an der Tür, und es war nichts mehr von dem betrübten Mädchen von damals zu erkennen. »Tante Kees, komm herein . . . ich will dich zu Betty bringen.«

Auf einem schmalen Bett an der Wand lag ein blasses, junges Mädchen. Sie lächelte mich mit strahlenden Augen an, wie nur Gott sie geben kann. »Jesus wohnt in meinem Herzen . . . Er hat meine Sünden vergeben. Greetje hat mir alles erzählt.«

Nicht lange danach starb das Mädchen, und ich mußte wieder bei einer Beerdigung sprechen. Ich dankte dem Herrn, daß meine Turnabende mit den Mädchen – wenn meine Versuche auch manchmal mißlangen – gebraucht worden waren, jemand zu erreichen, bevor es zu spät war.

Allmählich wurden die Klubs besser organisiert. Es war eine Freude, zu entdecken, daß nicht zuerst eine Organisation gebildet wurde, die dann die Form von Mädchenklubs bekam, sondern daß das Bedürfnis da war und die Struktur an zweiter Stelle stand.

Bei einer Festlichkeit anläßlich der Verlobung von Prinzessin Juliana und Prinz Bernhard 1937

Speziell aus den Turnklubs entstanden die Pfadfinderinnenklubs in Holland. Die Uniformen, Leitworte, Lieder kamen allmählich hinzu, aber nur dann, wenn sie nötig waren. Wir entdeckten auch, daß zwischen der Pfadfindertätigkeit bei Jungen und der bei Mädchen ein heilsamer Unterschied bestand.

Einer unserer Turnlehrer war Führer der Pfadfinder. Ich erkundigte mich, was er in einer bestimmten Woche mit den Jungen tat, und er zeigte mir ein paar Spiele und lehrte mich einige Knoten knüpfen. Oh, dachte ich, das können wir auch machen. Am nächsten Tage lehrte ich die Mädchen die Knoten und machte die Spiele mit ihnen. »Das ist bequem! Ich frage ihn einfach jede Woche, was er tut, und dann tun wir das auch.«

In der darauffolgenden Woche erzählte er mir, daß er ein dickes Seil an einem Baum oben auf einer Düne befestigt habe, und das andere Ende an einem Baum in einiger Entfernung. Die Jungen mußten sich dann an dem Seil vom einen Ende zum andern hangeln. Ich hörte mir das an; aber dann erfaßte ich doch, daß Pfadfinderspiele für Jungen anders aussehen mußten als für Mädchen!

Das Ende der Welt?

Eines Abends war ich mit einer Gruppe der älteren Pfadfinderinnen zusammen, als Maxi, eins unserer treuen Mitglieder, keuchend ins Zimmer gerannt kam und mit schriller, angstvoller Stimme rief:

»Tante Kees, es stimmt etwas nicht mit den Sternen! Sie rasen über den Himmel, als ob sie sehen wollen, was es an der andern Seite des Horizontes zu sehen gibt.«

Die Mädchen sprangen aufgeregt auf und rannten auf die Straße.

»Das sind Meteore«, sagte ich. »Kommt, wir wollen in den Kenaupark gehen! Da können wir es besser sehen.«

Wir liefen eiligst in den Kenaupark, wo unser wunderschöner Kirschbaum, die »Braut von Haarlem«, stand, und beobachteten das aufregende Schauspiel der Sternschnuppen.

Pietje sagte: »Ich habe Angst . . . ist das der Weltuntergang?«

»Mädchen, es sind keine Sterne, sondern Meteore, wahrscheinlich abgebröckelte Teile anderer Planeten. Sobald sie die Erdatmosphäre erreichen, werden sie erhitzt und leuchten auf.

Pietje, dies ist kein Anzeichen für den Weltuntergang, obwohl Jesus uns gesagt hat, daß bei seiner Wiederkunft einige der Zeichen der Zeit schreckliche Dinge sein werden, die am Himmel geschehen. Er hat uns auch ermahnt, auf diese Zeichen achtzugeben. Petrus sagt es sehr praktisch: ›Darum, meine Lieben, weil ihr darauf wartet, so tut Fleiß, daß ihr vor ihm unbefleckt und unsträflich im Frieden erfunden werdet‹« (2. Petrus 3,14).

Wir gingen zurück ins Klubhaus und setzten uns wieder in einem Kreis auf den Boden. Dann kamen die Fragen, eine nach der andern. Es war ein lebhaftes Gespräch, und ich war den Sternschnuppen dankbar.

Ich erzählte von den vielen Zeichen, die Jesus genannt hatte, und daß Lukas 21,32 uns sagt, daß die Generation, die alle diese Zeichen sehen wird, nicht vergehen wird, ehe alle erfüllt sind.

Jap war eins der Mädchen, die über alles ernsthaft nachdachte. »Tante Kees, ob wir wohl zu der Generation gehören, während der alle diese Zeichen erfüllt werden und Christus wiederkommt? Wir müssen unser Dreieck innerhalb des Kreises behalten und das nie vergessen!«

(Das Dreieck stellte die drei Entwicklungsstufen dar: sozial, intellektuell und körperlich; der Kreis bedeutete die geistliche Entwicklung. Wir wiesen nachdrücklich darauf hin, daß wir als Gotteskinder im Leben die richtige Stellung einnehmen, wenn das Dreieck sich innerhalb des Kreises befindet.)

Milly war ein wenig verwirrt. Sie besuchte unsern Klub erst zum zweiten Mal, und als sie uns von geistlichen Dingen reden hörte, verstand sie das nicht ganz. »Was bedeutet das, was ihr von dem Triangel und dem Kreis sagt?« fragte sie. »Ist das eine Geheimsprache?«

Zum ersten Mal sagte Mien etwas. »Es bedeutet: Versuch nicht länger, alles selbst zu tun, sondern bitte Gott, es zu tun! Ich habe es lange versucht, alles selber zu tun, aber es ist mir nicht gelungen. Jetzt habe ich ihn gebeten, meine Sache in seine Hand zu nehmen.«

Im festlichen Umzug

Jedes Jahr gab es ein wichtiges Ereignis, bei dem mein Vater direkt an meiner Mädchenarbeit teilnahm. Das war am 31. August, dem Geburtstag der Königin. Es war ein großer Festtag für das ganze Volk mit Umzügen, Festreden, Picknicks und Jahrmärkten. Vater, der einer von Haarlems führenden Bürgern war, organisierte die Festlichkeiten und saß neben dem Bürgermeister auf der Plattform vor dem Rathaus.

Da er Vorsitzender des Festkomitees war, hatten meine Pfadfinderinnen immer einen guten Platz im Umzug. Wir konnten unsere Flagge mit dem Dreieck innerhalb des Kreises entfalten und diese Gelegenheit benutzen, allen, die danach fragten, die Bedeutung dieser Symbole zu erklären.

Einmal nahmen wir mit einer Pferdekutsche und Kutschern in Livree am Umzug teil. Es sah so vornehm aus, daß ich es nicht lassen

Unsere Mädchen in einem Aufzug mit Opa (meinem Vater), ich gucke aus dem Fenster

konnte, den Kopf aus dem Fenster zu stecken und ein ulkiges Gesicht zu machen. Vater jedoch blieb immer würdevoll, trotz seiner immer zu Späßen aufgelegten Tochter.

Nachdem Wilhelmina zugunsten ihrer Tochter Juliana auf den Thron verzichtet hatte, wurde der Festtag auf den 30. April verlegt.

Internationale Kontakte

Die Klub- und Pfadfinderarbeiten wuchsen jährlich, bis einige Mitglieder des CVJF in Amerika davon hörten und mich zu einer internationalen Konferenz in Riga, Lettland, einluden. Das kleine Lettland war damals ein unabhängiges Land und hatte noch Religionsfreiheit. Nachdem es die Kommunisten 1940 in Besitz nahmen, wurde das Christentum verboten.

In den dreißiger Jahren fuhr ich nach Lettland. Auf dem Weg zur Konferenz wurde ich von zwei alten Damen zu Gast gebeten. Ihr Land war von Kriegen und Revolutionen zerrissen und hatte mehrmals die Nationalität gewechselt. Während einer Revolution war das Haus der alten Damen geplündert und vieles von ihrem wertvollen Eigentum war zerstört worden, so auch ihre antike Wanduhr. Diese war öfters repariert worden, aber sie schlug die Stunden nicht mehr. Die Kette, an der das Gewicht hing, war hoffnungslos verknotet, und ich habe ziemlich lange an der Uhr gearbeitet, zumal ich eigentlich das Reparieren von Taschenuhren, nicht von Wanduhren gelernt hatte. Es störte mich, daß es so lange dauerte, deshalb sprach ich über das Problem mit dem Herrn, und er zeigte mir die Lösung. Ich sehe die zwei Damen noch vor mir, wie sie Hand in Hand, mit Freudentränen in den Augen, da standen und ihre Uhr wieder schlagen hörten. Wenn eine nachts die Uhr hörte, wekcte sie die andere und flüsterte: »Vaters Uhr schlägt.«

Wie froh war ich, Uhrmacherin zu sein, so daß ich etwas Freude in ihr einsames Leben bringen konnte!

Während der Konferenz lernte ich, daß ich noch sehr viel zu lernen hatte! Ich hörte, wie die Pfadfinderinnen in andern Ländern geleitet wurden und fühlte mich als richtiger Anfänger. Aber die geistliche Ausbildung war ein wenig enttäuschend. Es wurde sehr viel von »Charakterbildung« gesprochen, bis ich schließlich fragte: »Glauben Sie nicht, daß wir unser Ziel verfehlen, wenn wir den Mädchen nur sagen, sie sollen gute Bürgerinnen werden, sie aber nicht zu Jesus Christus führen?«

Zu meinem Erstaunen wurde das Programm aufgrund dieser Frage geändert. Eine Besprechung über Evangelisation in den Klubs war für den letzten Tag der Konferenz vorgesehen. Diese wurde aber auf den zweiten Tag verlegt.

Als ich nach Hause zurückkehrte, beschlossen wir, etwas für unser Image zu tun und bessere Uniformen anzuschaffen. Wir fertigten dunkelblaue Uniformen an. Aber wenn die Mädchen nicht genug Geld dafür hatten, sagten wir, daß ein anderes dunkelblaues Kleid auch recht sei.

Mit meiner selbstgemachten Uniform und einem orangefarbenen Band statt des offiziellen Halstuchs fuhr ich zu meiner zweiten internationalen Konferenz in der Nähe von Wien. Dort begegnete ich den höchsten Leiterinnen der Pfadfinderbewegung in England, die sehr gepflegt aussahen. Eines Tages hatten wir einen offiziellen Appell, und ich konnte meinen Gürtel nicht finden. Ich nahm den Gürtel eines anderen Kleides und legte ihn mir um. Wir marschierten hufei-

Corrie in der Leiterinnenuniform der Triangelmädchen

senförmig auf, und eine holländische Pfadfinderin flüsterte mir, als sie an mir vorbeiging, entsetzt zu: »Sie haben zwei Gürtel, einer hängt Ihnen auf dem Rücken.«

Plötzlich kam ich mir sehr schlampig vor. Ich verglich mein Kleid mit den bis ins kleinste vollkommenen Uniformen. Da war ich nun mit zwei Gürteln und dem auffallenden orangefarbenen Band, das mit einer Sicherheitsnadel auf meiner Brust befestigt war.

Eine der Leiterinnen sagte zu mir: »Es freut mich, daß ich Sie kennengelernt habe und hier oben auf dem Berg mit Ihnen sprechen konnte. Aber wenn ich Ihnen in London in so einer Uniform begegne, werde ich tun, als ob ich Sie nie gesehen hätte.«

Nach diesem Erlebnis wurde es mir klar, daß dieses Unternehmen zu wichtig war, um stümperhaft zu bleiben. Als ich wieder in Holland war, baten wir einige prominente und begabte Damen, uns einen Vorstand bilden zu helfen. Wir studierten Handbücher von andern Ländern und hatten viele Besprechungen. Da sich Damen aus sehr verschiedenen Orten in Holland für diese Arbeit interessierten, wählten wir einen zentral gelegenen Treffpunkt – den Amsterdamer Bahnhof. Wir konnten in dem ruhigen Wartezimmer der Ersten Klasse arbeiten, bis unsere Züge abfuhren.

Aber ich machte mir über die Entwicklung der Arbeit Sorgen. Als wir mit den Leiterinnen aus andern Teilen des Landes in Berührung kamen, entdeckten wir, daß »religiöse Unterweisung« nicht akzeptiert wurde. Es wurde als Propaganda für eine gewisse Religion angesehen. Wir konnten Klubs für christliche Mädchen mit christlichen Leiterinnen haben, aber unser Ziel, andere Mädchen zu erreichen, wurde unmöglich gemacht. Es schien, daß alle Klubarbeit, Bibelarbeit, Konferenzen, Lagerarbeit einfach die Vorbereitung für etwas Größeres gewesen waren. Infolgedessen wurde eine neue christliche Bewegung geboren.

»De Nederlandse Meisjes Clubs« (Die niederländischen Mädchenklubs) entstanden aus der Pfadfinderarbeit, fügten aber die fehlende Dimension hinzu. Nach einigen Jahren reichten diese Klubs bis über die Grenzen Hollands hinaus. Wir hatten sechstausend Mitglieder in Indonesien und achthundert in West-Indien. Wegen unseres Symbols war der Name unserer Mädchen »Triangel-Mädchen«.

Der erste Artikel unseres Klubgesetzes prägte sich in das Wesen

Eine unserer Pfadfinderinnengruppen

vieler junger Mädchen ein. Es lautete: *Such' deine Kraft im Gebet.*

Nach vielen Jahren, als Zelten und Umzüge, Konferenzen und Gesang schöne Erinnerungen an Friedenszeiten waren, befand ich mich in einer Gefängniszelle. Jeder Laut wurde in der tödlichen Stille dieser kleinen Zellen verstärkt. Ich hörte ein Mädchen nebenan weinen. Ich rief zu ihr hinüber: »Weine nicht, sei stark! Wir werden bald frei sein.«

Die Antwort erschütterte mich.

»Tante Kees . . . oh, Tante Kees . . . bist du es? Ich bin Anni.«

Da erkannte ich ihre Stimme. Sie war eine meiner treuen Klubmädchen und war nach uns verhaftet worden. Mein Herz stockte fast. Von diesem armen Mädchen konnte ich wohl am wenigsten erwarten, daß sie an solch einem schrecklichen Ort stark bleiben würde. Ich sprach mit ihr durch die Wand der Zelle. »Annie, kennst du noch den ersten Artikel unseres Klubgesetzes? ›Such deine Kraft im Gebet?‹«

Sie hörte auf zu weinen.

17. Widerstand!

Der Widerstand gegen Menschen, die sich Jesus Christus ergeben haben, hat vielerlei Formen. Manchmal sind sie dramatisch, machmal mehr verborgen. Satan ist schlau, er kann sich als Engel des Lichtes verstellen. Er wählt auch übernatürliche Dinge, um uns ängstlich und untätig zu machen.

Während eines der Lager mit den Mädchen sang ich, wenn alles dunkel war, draußen vor der Hütte. Eines Abends hieß es in dem Lied: »In allen Stürmen, in aller Not wird er dich beschirmen, der treue Gott.«

Plötzlich hörte ich schauderhaftes Getöse um mich herum. Es war, als ob sich zwischen den Bäumen Wesen befänden, die mich zum Schweigen bringen wollten. Der Lärm wuchs und nahm wieder ab. Es lief mir kalt über den Rücken. Während ich sang, bat ich den Herrn: »Bedecke und schütze mich mit deinem Blut, Herr Jesus! Gib mir die Kraft, weiterzusingen und sprich zu den Mädchen durch mich!«

Das Getöse hielt an und wurde lauter und scheußlicher, aber ich hörte nicht auf. Ich wußte, daß ich in der vordersten Frontlinie stand, aber durch Jesus war es Siegesboden, keine Niederlage, kein Rückzug. Sobald ich das Lied beendet hatte, hörte das Getöse auf, so plötzlich, wie es begonnen hatte.

Ich ging zu Bett und dankte dem Herrn für Seinen Sieg. Am nächsten Morgen fragte ich die Mädchen, ob sie am vorigen Abend etwas Ungewöhnliches gehört hätten. Sie antworteten, daß sie mich noch nie so schön hätten singen hören. Keines von ihnen hatte etwas anderes gehört.

Er läßt uns nie im Stich

Ich erinnere mich an viele der Klubmädchen. Peggy zum Beispiel war Mitglied des Turnklubs. Sie konnte den Beitrag nicht zahlen, obwohl dieser nur 10 Cent (damals etwa 15 Pfennig) betrug. Leider entdeckten wir, daß sie Geld stahl, das in der Turnhalle in einer kleinen Büchse auf dem Fensterbrett aufbewahrt wurde. Ich war in Sorge um Peggy. Deshalb machte ich ein Zeichen auf ein Geldstück und legte es aufs Fensterbrett. Als es verschwunden war, rief ich Peggy und bat sie, mir ihr Portemonnaie zu zeigen. Da war das Geldstück.

Peggy hatte den Herrn als ihren Heiland angenommen, aber sie war noch an ihre Vergangenheit und ihre Umgebung – eine sogenannte asoziale Familie – gebunden. Ich sagte zu ihr: »Peggy, ein Gotteskind kommt in Versuchung, aber der Unterschied zu den Ungläubigen ist, daß Gott mit der Versuchung auch eine Möglichkeit gibt, ihr zu entgehen. Er sagt: ›Bekennt eure Sünden! Gott ist getreu und gerecht, sie zu vergeben . . ..‹«

Peggy verstand es und bekannte, was sie getan hatte. Von jener Zeit an machten wir sie zur Schatzmeisterin unseres Klubs, und nie fehlte auch nur ein Cent. Es war Peggy wirklich Ernst, als sie »ja« zu Jesus sagte. Sie vertraute ihm, und das tat ich auch – und deshalb konnte ich ihr vertrauen. Sie versagte nie, weil Jesus sie nie im Stich ließ.

Der einzige Trost

Pietje hatte einen Buckel. Sie war eine unserer beliebtesten Klubmädchen. Obwohl es lange her ist, erinnere ich mich, wie sie auf biblische Geschichten reagierte. Eines Tages besprachen wir 2. Mose 20,5, wo Gott zu dem jüdischen Volke sagt, daß die Sünden der Väter an den Kindern, Enkeln und Urenkeln heimgesucht werden. Pietje fing an zu weinen, und als ich das bemerkte, ging ich mit ihr in ein anderes Zimmer. Ihr Gesicht war düster, als sie sagte: »Ich habe einen Buckel, und das ist die Strafe für meinen Vater, der Alkoholiker war.«

»Aber, Pietje, hast du den nächsten Vers nicht gehört: ›. . . aber Barmherzigkeit erweist an vielen Tausenden, die mich lieben und meine Gebote halten?‹ Wenn dein Vater anfängt, Gott zu lieben, wird er Seine Barmherzigkeit erfahren. Du liebst den Herrn, und obwohl du einen Buckel hast, bis du ein glückliches Mädchen, weil Jesus in deinem Herzen wohnt und du Seine Barmherzigkeit und Liebe erfährst.«

Als Pietje in einer Bibelgruppe war, lasen wir Römer 8,34 und ich fragte: »Wer ist unser Richter?« Sie antwortete: »Jesus!« Dann fragte ich: »Wer ist unser Fürsprecher?« Die Antwort kam von Pietje: »Jesus!« Dann rief sie: »Wie herrlich! Der Richter und der Fürsprecher sind die gleiche Person! Jesus betet für uns. Da brauchen wir nichts zu fürchten.«

Eines Tages wurde ich gebeten, schnell zu Pietje zu kommen. Sie war im Krankenhaus und lag im Sterben. Ich wußte, daß sie Jesus als ihren Heiland angenommen hatte. Als ich an ihrem Bett stand, sagte ich: »Welch ein Trost, es wissen zu dürfen, daß Jesus unser Richter und unser Fürsprecher ist. Er hat dich sehr lieb!«

Da sah ich, wie sich in ihrem Gesicht der Ausdruck von Schmerz in einen Ausdruck von Frieden verwandelte. »Pietje, hörst du mich?« fragte ich.

Sie öffnete ihre Augen nicht. Ich konnte sie nicht mehr erreichen. Ich legte meine Hand auf ihre fiebrige Stirn und bat den guten Hirten, sein Schaf in die Arme zu nehmen und durch das Tal der Todesschatten in das Haus des Vaters mit den vielen Wohnungen zu tragen.

Als ich »Amen« sagte, öffnete Pietje die Augen zum letzten Mal und lächelte.

Meine Gedanken und mein Herz waren noch ganz mit Pietje erfüllt, als ich mich am nächsten Tage mit den Leiterinnen und Vorstandsmitgliedern des CVJF traf. Wir sprachen von unsern Erfahrungen, und da sagte eine der Damen: »Ich mag die Methode Ihrer Haarlemer Klubs nicht. Da wird zu viel gepredigt! Ich finde das nicht richtig. Ich weiß, wie wichtig eine christliche Umgebung ist und daß die Mädchen in eine christliche Atmosphäre gebracht werden müssen – das wird viele Mädchen viel mehr anziehen als das Reden von der Bibel. Ich predige lieber durch mein Verhalten als durch Worte.«

Mein Antwort war: »Römer 10,14 sagt: ›. . . wie sollen sie an Ihn glauben, von dem sie nie gehört haben? Und wie sollen sie hören ohne Prediger?‹«

Ich bin dankbar, daß wir Pietje von unserm Richter und Fürsprecher erzählt haben in der Zeit, als wir sie noch erreichen konnten. In den fünfundzwanzig Jahren unserer Klubarbeit sind mindestens vierzig Mädchen gestorben. Unglücksfälle, Krankheit, sogar ein Mord waren die Ursachen. Wenn ich am Sterbebett eines Klubmädchens stand, war ich so dankbar, daß ich die Zeit ausgekauft hatte, als sie noch auf das Evangelium hören konnte. Krankheit, Schmerzen, sogar Medikamente können es während der letzten Zeit auf Erden einem Menschen unmöglich machen, zuzuhören.

Ich sprach bei Pietjes Beerdigung. Vater hatte so oft eine Beerdigung seiner Kollegen geleitet, daß er mir auf vielerlei Weise helfen konnte. Sein offenes Zeugnis wurde nicht immer geschätzt, wenn aber der Tod in eine Familie kam, war Vater ein willkommener Tröster. Wenn jemand stirbt, werden die Menschen mit der Ewigkeit konfrontiert, und dann ergibt sich eine gute Gelegenheit, von der Gewißheit des ewigen Lebens zu sprechen, die nur Jesus geben kann.

Vater gab mir auch praktische Ratschläge: »Corrie, wenn der Augenblick gekommen ist, wo du sprechen mußt, dann zögere nicht! Viele Menschen sind bewegt und zugänglich. Stelle dich deshalb so hin, daß jeder dich hören und sehen kann. Die hinterbliebenen Verwandten und Freunde müssen dazu aufgefordert werden, ihre Sünden zu bereuen und Jesus als ihren Heiland anzunehmen.«

Ja, der Widerstand wird an merkwürdigen Orten und auf ungewöhnliche Weise offenbar: in übernatürlichen Geräuschen aus der Dunkelheit eines Waldes und in oberflächlicher Einstellung der Selbstgerechten.

Zweifel

Widerstand kommt aber auch aus dem Herzen. War jemals Zweifel in meinem Herzen, Dürre in meinem Gebetsleben? Ja, gewiß!

Einmal mußte ich mich einer ziemlich ernsten Operation unterziehen. Aus irgendeinem sonderbaren Grunde überredete ich den Chirurgen, mir keine Narkose, sondern eine lokale Anästhesie zu geben. Ich hatte keine Ahnung, daß das einen solch schweren Schock in meinem Organismus auslösen würde. Während der Operation spürte ich nichts, befand mich aber in einer großen Spannung. Ich mußte mich noch einige Monate lang einer ziemlich schmerzlichen Behandlung unterziehen.

In jener Zeit befand ich mich seelisch und geistlich auf einem Tiefpunkt. Ich konnte nicht beten; die Bibel interessierte mich nicht; der Gottesdienst war langweilig. Meine Gebete waren sehr kurz. Ich sagte etwa: »Herr, ich kann dich nicht erreichen . . . ich kann nicht beten. Aber, Herr, ich weiß, daß du mich erreichen kannst. Behalte mich in deinem Schutz und hilf mir, daß ich bald wieder beten kann.«

Äußerlich war ich dieselbe Corrie. Ich tat die Klubarbeit wie sonst.

Ich arbeitete im Geschäft, sprach mit den Kunden und beteiligte mich an all den Aktivitäten unseres ereignisreichen Lebens. Ich weiß nicht, ob jemand wußte, durch welch dunkles Tal ich ging; denn ich sprach mit meinen Verwandten und Freunden nicht darüber. Ich dachte, sie hätten sowieso genug Sorgen. Jetzt weiß ich, wie dumm das war.

Da kam eines Tages ein Mädchen, Sally, zu mir und fragte, ob sie mir ihre Schwierigkeiten erzählen dürfe. Sie war ein fröhliches Mädchen aus einer guten, arbeitsamen Familie und ich hatte sie sehr gern.

»Tante Kees«, sagte sie und senkte den Kopf, »kannst du mir helfen? Seit Wochen kann ich nicht beten. Meinst du, daß ich verloren bin? Meinst du, daß ich nicht länger ein Kind Gottes bin?«

»Sally, du bist ein Kind Gottes, und du bist nicht verloren. Setz dich mal, dann will ich dir etwas von mir selbst erzählen! Ich weiß genau, wie du dich fühlst, denn ich habe die gleichen Schwierigkeiten. Seit einigen Wochen kann ich nicht beten . . . aber obwohl es eine dunkle Zeit war, weiß ich, daß Jesus bei mir ist und daß Er mich erreichen kann. Wir wollen einmal sehen, ob in der Bibel etwas steht, was uns beiden helfen kann.«

Dann lasen wir Römer 8, 26: »Der Geist selbst vertritt uns mit unaussprechlichem Seufzen.«

Sally und ich erkannten beide, daß der Heilige Geist uns in den täglichen Problemen und in unsern Gebetsschwierigkeiten hilft. Wenn wir zu nichts imstande sind, vertritt der Geist uns bei Gott, dem Vater. Die Schuldenlast wurde Sally und mir abgenommen, und wir haben dem Herrn zusammen gedankt, daß er uns vergeben und unsere Verbindung mit ihm wiederhergestellt hatte.

Die »Haarlemse Meisjes Clubs«

Die Haarlemer Mädchen Klubs hatten jedes Jahr im Konzertgebäude einen Festabend, wo jeder Klub etwas vorführte. Das Programm wurde damit eröffnet, daß alle 250 bis 300 Mädchen das Podium betraten. Sie sangen ein Lied, und ich sprach fünf Minuten zu dem Publikum.

Der gemischte Klub, der das »Probejahr« ohne ernsthafte Pannen hinter sich gebracht hatte, bildete das Orchester und sorgte für den musikalischen Teil. Als sie zum ersten Mal vor allen Freunden und

Verwandten – es waren etwa tausend – spielen mußten, hatten sie schreckliches Lampenfieber. Ich ging zu ihnen, nahm eine Geige und tat, als ob ich spielte, aber so, daß keiner sehen konnte, daß ich den Bogen verkehrt herum hielt und die Saiten nicht berührte. Während ich so »spielte«, bekamen die Jungen Mut und fingen an. Die Bläser hatten wahrscheinlich Mühe, nicht zu lachen, um spielen zu können.

Weinen und Lachen, Widerstand und Hilfe – die Klubs bereiteten diese jungen Männer und Frauen für das Leben zu.

Als der Krieg anfing, mußten wir die Haarlemer Klubs schließen. Nie werde ich den Abend vergessen, als wir zum letzten Mal beisammen waren. Wir grüßten unsere Fahne, während die Tränen uns über die Wangen liefen. Dann falteten wir sie sorgfältig zusammen und versteckten sie an einem geheimen Ort im Klubhaus.

Als wir zum letzten Mal unsere Nationalhymne sangen, hatten die Mädchen es sehr schwer. »Mädchen«, sagte ich, »wir dürfen nicht weinen. Wir haben viel Spaß in den Klubs gehabt, aber wir waren nicht nur zum Spaß zusammen. Wir haben gelernt, wer es ist, der uns stark macht, auch in schweren Zeiten. Der Herr Jesus gibt uns Sicherheit, auch in der Unsicherheit des Krieges.«

Ich sah die Mädchen an und fragte mich, ob sie in den kommenden Tagen und Jahren auf des Herrn Kraft vertrauen würden. Was wartete ihrer in dieser Welt voller Haß und Brutalität?

Ich war so dankbar, daß die Zeit in unsern Klubs nicht vertan worden war, indem wir nur »gute Bürger« ausbildeten, sondern daß wir Gelegenheit hatten, die lebenswichtige Botschaft von Jesu Sieg weiterzugeben. Das würde uns in dem Leiden, das vielen von uns bevorstand, Kraft geben.

18. ». . . Er nahm mich bei der Hand«

Krieg. Es war frühmorgens, als wir die Bomben hörten. Wir wußten, daß die Explosionen vom Flughafen Schiphol kamen. Ich lief in Betsies Zimmer. Sie saß im Bett, blaß und zitternd. Wir umarmten einander und erbebten bei jeder Explosion. Die flackernde Feuersglut an unserem einst so friedlichen Himmel sah gespenstisch aus.

Wir fürchteten uns, aber von Kind an hatten wir gelernt, unsere Lasten auf den Herrn zu werfen. Wir beteten wie erschreckte Kinder, die um Hilfe und Schutz zu ihrem Vater gehen.

»Herr, mach uns stark! Gib uns die Kraft, andern zu helfen!«

»Herr, nimm unsere Furcht weg! Schenke uns Vertrauen!«

Es war für uns beide eine Krise der Angst, aber Jesus schenkte uns den Sieg. Wir haben uns nie wieder so gefürchtet wie in jener Nacht, nicht einmal, als Krieg und Besatzung unser ganzes Familienleben und alles, was wir mehr als ein halbes Jahrhundert lang gekannt hatten, vernichtete. War diese Nacht der Weg des Herrn, auf dem er uns auf die Zukunft vorbereitete?

In den fünf Kriegstagen, die folgten, kamen viele Menschen in unser Haus. Vater war eine Stütze für sie alle; er betete mit jedem, der ihn darum bat. Manchmal drohte mich das Entsetzen über das, was geschah, zu überwältigen, und während Vater denen, die in Angst und Unruhe waren, Vertrauen und Frieden schenkte, ging ich ans Klavier und spielte Bach. Keine andere Musik gab mir solche Ruhe.

Der dunkelste Augenblick in jenen fünf Tagen war, als unsere königliche Familie das Land verließ, unsere Königin Wilhelmina, um nach England zu gehen, und die Kronprinzessin Juliana, um nach Kanada zu gehen.

Da wußten wir, daß unsere Sache hoffnungslos war.

Ich habe nicht oft geweint, aber in dem Augenblick war ich ganz gebrochen und weinte. Für das holländische Volk war die Königin das Sinnbild der Geborgenheit – wir liebten sie.

Dann ergab sich Holland. Ich ging mit Vater durch die Straßen, und jeder sprach mit jedem. Damals gab es eine Einheit, die ich nie vorher erlebt hatte. Wir waren verbunden in dem großen Leiden der Erniedrigung und der Niederlage unseres Volkes. Obwohl mein Herz von all dem Elend schmerzte, war es ermutigend zu sehen, daß die Menschen sich so eins fühlen konnten.

Im Tausendjährigen Reich wird es so sein: Die ganze Welt wird »voll Erkenntnis des Herrn sein, wie Wasser das Meer bedeckt«. Das wird nicht eine Einheit im Elend, sondern in der Gemeinschaft mit dem Herrn sein.

Die deutsche Armee marschierte durch die Barteljorisstraat: Tanks, Kanonen, Kavallerie und Hunderte und aber Hunderte von Soldaten. Die Gasse, wo Dot und ich gespielt hatten – die Straße, wo ich als Fünfjährige die betrunkenen Männer gesehen und für »alle Menschen in der Smedestraat« gebetet hatte – überall waren Soldaten.

Als die Sieger in unsere Stadt hereinströmten, bemerkte ich, daß manche von ihnen erröteten. An ihrem Gesichtsausdruck sah man, daß sie sich schämten. Nach dem Krieg erzählte mir ein Deutscher: »Bei jedem Schritt, den ich in Holland tat, schämte ich mich. Ich wußte, daß ich ein neutrales Land besetzte.«

In jenen Tagen waren die Kirchen voll. Die Psalmen, die in Zeiten großen Leidens geschrieben worden waren, bekamen einen neuen Inhalt. Pfarrer, die nie die Wiederkunft Christi erwähnt hatten, predigten jetzt über die vielen Schriftstellen, die davon sprechen.

Zuerst änderte sich wenig im täglichen Leben, aber allmählich kam der Feind mit Einschränkungen. Im Anfang durfte man nach zehn Uhr abends nicht mehr auf der Straße sein. Das war nicht schwer für uns. Aber später wurde es acht Uhr, dann sechs Uhr. Niemand durfte das Haus verlassen. Es gab keine Straßenbeleuchtung, und jedes Fenster war nach Sonnenuntergang mit schwarzem Papier bedeckt.

Fernsprechkabel wurden ausgeschaltet; die Lebensmittel wurden rationiert, und wenn wir stundenlang mit unsern Karten Schlange gestanden hatten, erfuhren wir oft, daß alles ausverkauft war.

An einem herrlichen Sonntagnachmittag gingen Betsie, Vater und ich im »Hout«, einem parkähnlichen Wald, spazieren, als die Gestapo erschien und alle jungen Väter, die dort mit ihren Familien spazierengingen, mitnahmen und die entsetzten Frauen und weinenden Kinder zurückließen.

Alle Holländer haben ein Fahrrad, und manchmal machte die Gestapo Razzia auf Fahrräder. Jedem, der vorbeifuhr, wurde befohlen, sein Rad abzugeben. War man so glücklich, sein Fahrrad zu behalten, dann lernte man, ohne Reifen zu fahren; denn diese wurden beschlagnahmt und nach Deutschland gebracht.

Sogar in der Kirche war man nicht sicher. An einem Sonntagmorgen bewachten die Deutschen die Türen eines Gottesdienstes in der St. Bavo, so daß keiner die Kirche verlassen konnte. Dann wurde eine Tür geöffnet und allen Männern von achtzehn bis vierzig Jahren befohlen, die Kirche zu verlassen. Sie wurden noch am selben Tag nach Deutschland transportiert, und viele von ihnen hat man nie wiedergesehen.

Von der Besetzung, der Untergrundbewegung zur Errettung von Juden, den Konzentrationslagern – von alledem wurde geschrieben in »Dennoch . . .« und in meinem Buch und dem Film »Die Zuflucht«.

Mehr als dreißig Jahre lang bin ich nach dem Zweiten Weltkrieg in mehr als sechzig Ländern auf allen Kontinenten dieser unruhigen Welt als »Landstreicherin« für den Herrn gewesen. Viele Menschen haben sich nach meiner Kindheit, meinen Jugendjahren und den Jahren vor der »Zuflucht« erkundigt. Ein Mensch ist nicht plötzlich mit fünfzig Jahren da; es gibt Jahre der Vorbereitung, Jahre der Erfahrungen, die Gott in einer Art gebraucht, die wir vielleicht nicht verstehen, bis wir Ihn von Angesicht zu Angesicht sehen.

Aber beim Rückblick auf ein Leben von mehr als achtzig Jahren hatte ich die wunderbare Möglichkeit, etwas von Seinem Wirken entdecken zu dürfen.

Vor einiger Zeit habe ich durch Briefe oder Begegnungen mehr von meinen Klubmädchen gehört – für mich bleiben sie Mädchen! Es war gleichsam ein Brief vom Herrn.

Aukje

Eins unserer treuen Klubmädchen war die stille Aukje. Sie war eine Friedensstifterin, die es verstand, mit wenigen Worten viel zu erreichen. Wenn andere Mädchen aufsässig und trotzig waren, konnte sie sagen: »Seid doch nicht so dumm! Weshalb kommen wir eigentlich in den Klub? Die meisten von uns wollen sich amüsieren und etwas lernen. Wenn euch das nicht gefällt, dann geht und laßt uns in Ruhe!«

Kurz und bündig – aber so freundlich gesagt, daß die Schwierigkeiten dann meistens beseitigt waren. Als sie etwa siebzehn Jahre alt war, wurde Aukje Leiterin eines Bastelklubs. Sie war immer ruhig und freundlich, und wir erwarteten eigentlich nichts Außergewöhnliches von ihr, aber es war deutlich sichtbar, daß sie den Herrn liebte.

Als unsere Familie verhaftet wurde, kam Aukje in unser Haus, da sie nicht wußte, daß es eine Falle der Gestapo war. Sie wurde ins Polizeiamt gebracht und war eine Woche lang mit unserem ältesten jüdischen Untergrundmädchen in einer Zelle, mit Mary, die im Schutzraum gewesen war, aber später auf der Straße verhaftet wurde.

Aukje sprach mit Mary vom Herrn Jesus. Sie erzählte ihr, daß Jesus am Kreuz für die Sünden der ganzen Welt gestorben ist und gesagt hat: »Kommt her zu mir alle, die ihr mühselig und beladen seid, ich will euch Ruhe geben.«

Mary antwortete: »Ich hörte Opa ten Boom so oft beten, wenn ich in der Beje war. Er sagte immer zu mir: ›Mary, du bist Jüdin; daran ändert sich nichts, wenn du den Herrn Jesus bittest, in dein Herz zu kommen. Was die göttliche Seite betrifft, war er der Sohn Gottes; aber was die menschliche Seite betrifft, war er Jude.‹«

Mary nahm in jener Zelle Jesus als ihren Heiland an. Unsere stille Aukje wagte es, vom Herrn zu sprechen. Später erzählte sie mir, daß in dem Augenblick, als Mary im Gebet »ja« zu Jesus sagte, die Wärter kamen und sie mitnahmen. Wir erfuhren später, daß sie nach Polen geschickt worden war, wo sie starb.

Jahrelang hörte ich nichts mehr von Aukje. Welch eine Überraschung, als sie mich dreißig Jahre später besuchte! Sie erzählte, daß sie in einem kleinen Dorf arbeite, wo kein Pfarrer sei; sie predige jeden Sonntag in der kleinen Gemeinde. Sie sagte: »Was ich in den Klubs gelernt habe, gebrauche ich immer noch in den Bibelstunden, und wenn ich die Kinder unterrichte.«

Poes

Poes war ein richtiger Schelm; in welchem Klub sie auch war, sie brachte alle zum Lachen. In den Lagern sorgte sie für Fröhlichkeit, vor allem wenn es regnete und die Stimmung etwas gedrückt war. Wenn es Mädchen gab, die bei den Wanderungen oder beim Turnen Hilfe brauchten, war Poes immer bereit zu helfen.

Einmal ging sie hinter mir und sagte unmißverständlich, was sie von meinen Beinen dachte: »Wenn ich solche Beine hätte, würde ich neben ihnen hergehen.« – Sie heiratete einen jungen Mann, der etwas älter war als sie, und sie wanderten nach Südafrika aus. Dort traf ich sie einmal nach dem Krieg, aber nur kurz. Ihr Mann sagte, daß er wenig Interesse für geistliche Dinge habe, er hatte aber nichts dagegen, daß Poes und ich mit ihm von unserer Liebe zum Herrn Jesus sprachen. Ich versprach, für ihn zu beten, aber in ihren Briefen schrieb Poes nie etwas davon, daß er Interesse zeige.

Da geschah etwas Sonderbares – eine jener »Zufälligkeiten«, die in so wunderbarer Weise ein Teil von Gottes Plan sind. Poes und ihr Mann gingen durch die Straßen von Johannesburg, als ein Junge sie bat, ein Los zu kaufen. Das Geld war für ein Jungenklubhaus bestimmt. Poes sagte: »Natürlich! Als Mädchen habe ich solche Klubs sehr genossen – ich hoffe, daß ihr in eurem neuen Haus viel Freude haben werdet.«

Später erfuhren sie, daß sie den ersten Preis gewonnen hatten, eine Flugreise für zwei Personen nach Holland und zurück! Und so standen sie denn eines Tages in meinem Zimmer in Holland. Wie viele Erinnerungen haben wir da ausgetauscht! Poes erzählte mir, daß sie Mitglied einer Kirche geworden sei, und Henk, ihr Mann, hörte amüsiert zu, als wir von den Klubs sprachen. Er sagte, daß er den Herrn noch nie angenommen habe, wenn Poes von Ihm spricht. Ich wußte, daß ich nur diese eine Gelegenheit hatte, ihm das Evangelium zu bringen. Deshalb sagte ich: »Henk, es geht darum, ob du den Herrn persönlich kennst. Es gibt zwei Möglichkeiten: Du kannst deinen eigenen Weg gehen oder Gottes Weg. Wenn du Jesus Christus als deinen Heiland annimmst, macht Er dich zu einem Kind Gottes. Dann kannst du ihm alle deine Sünden bringen, ihn um Vergebung bitten und sie empfangen. Er wird deinen Namen in das Buch des Lebens schreiben.«

Nachdem ich mit ihnen gebetet hatte, sagte Henk: »Ich glaube, daß es jetzt Zeit für mich ist, Jesus mein Herz zu öffnen. Ich habe in Poes' Leben viel von Ihm gesehen. Er muß wirklich existieren. Ich weiß, daß ich ein Sünder bin, und Sie haben gesagt, daß Jesus Sünder annimmt. Deshalb will ich ihm alles sagen, was ich getan habe und gewesen bin, und glauben, daß er mich zu einem Kind Gottes macht.«

Sie gingen nach Südafrika zurück, und Henk wurde Mitglied einer lebendigen Kirche. Vor einigen Jahren ist er gestorben. Poes schrieb mir, daß er Gewißheit hatte, ein Kind Gottes zu sein.

Vor Jahren hatte Gott seine Arbeit im Herzen eines jungen Mädchens in einem Turnklub in einer holländischen Stadt angefangen. Jetzt sahen wir einen Teil von Gottes Plan.

Die goldene Teeparty

Wie würden sie aussehen?

Würden die Jahre sie verändert haben?

Was würden sie an Freud und Leid erlebt haben in den Dutzenden von Jahren, seit wir uns zum letzten Mal gesehen hatten?

Ich war genauso aufgeregt wie jene jüngere Corrie, wenn sie ihre Klubmädchen beim Jahresfest im Haarlemer Konzertsaal vorstellte. Jetzt war ich über achtzig. Ich war einige Zeit in Holland und hatte die Frauen, die früher in meinen Klubs waren und noch in der Umgebung von Haarlem wohnten, eingeladen.

Dieses Mal keine Uniform mit zwei Gürteln und einer Sicherheitsnadel! Ich trug mein bestes rot-weißes Seidenkleid und überzeugte mich davon, daß mein Äußeres tadellos in Ordnung war.

Sie kamen gleichzeitig vor der Haustür an, manche auf ihren Fahrrädern, andere in kleinen Autos, und wieder andere kamen zu Fuß von der Bushaltestelle. Ein Protokoll war überflüssig, denn sie fingen gleich alle an zu lachen und zu reden.

War das ein herrlicher Nachmittag! Jede erzählte etwas von ihrem Leben, und sie endeten alle beim selben Thema, worüber ich mich ganz besonders freute.

Ariapja, die Jap genannt wurde, strömte über von Begeisterung für die Klubarbeit. Sie erzählte, wie sie zum ersten Mal zu uns kam, und daß ihre Mutter gesagt hatte:

»Du darfst keine Uniform tragen!«

Daher genierte sie sich ein bißchen, als sie zum ersten Mal mit in ein Lager ging, weil sie nicht wie die andern Mädchen gekleidet war. Das war damals sehr wichtig für sie. Hank, die an diesem Nachmittag auch da war, gab Jap ihre Uniform, und diese selbstlose Tat hat Jap ihr ganzes Leben nicht vergessen. Als sie wieder nach Hause kam, fragte sie ihre Mutter, ob sie Pfadfinderin werden dürfe. Ihre Mutter stimmte zu unter der Bedingung, daß sie die Uniform nicht am Sonntag trug.

Die Pfadfinderinnenarbeit wurde Japs größte Freude, und an jenem sonnigen Nachmittag in meinem Wohnzimmer in Haarlem erzählte sie uns, daß vieles von dem, was sie als junges Mädchen in den Klubs lernte, sie für ihr weiteres Leben zubereitet habe.

Stien war in eine meiner Konfirmationsgruppen gekommen, als sie sechzehn Jahre war. Nachdem sie in die Reformierte Kirche aufgenommen worden war, sagte ich zu ihr: »Stien, jetzt mußt du einen Klub leiten!«

Nach einer Weile gründete Stien einen Klub für geistig behinderte Kinder. Später erzählte sie mir: »Tante Kees, du hast mir beigebracht, diese weniger begabten Kinder zu lieben.« Für Stien war es damals das Schönste in ihrem Leben, daß sie in die Klubs gehen konnte. Ihr Zuhause stand nie für andere offen, und sie verbrachte viele Abende in der Beje.

Zum Glück war sie an jenem verhängnisvollen Tag im Februar 1944, als die Gestapo uns den unwillkommenen Besuch machte, zu Hause geblieben.

Annie, die aufgrund einer Zeitungsanzeige gekommen war, sagte, daß sie zum Spaß und nicht wegen all der »geistlichen Dinge« gekommen sei. Und Spaß hatte sie gehabt! Sie gehörte zum Gesangklub, zum Englisch-Klub und zum Turnklub, und als sie von letzterem erzählte, erinnerte sie uns an sein Motto. (Ich wußte, daß eine von ihnen dies erwähnen würde!) Dieser Wahlspruch: »Wir machen gerade, was krumm ist« war nicht sehr gut. Er war zu lang, um ihn auf ein Programm zu setzen. (Ich mußte tun, als ob ich nichts von dem Gelächter merkte, daß jedesmal ausbrach, wenn er genannt wurde.)

Annie erzählte, wie sie sich in den Turnlehrer verliebt hatte. Als seine Verlobte aber erschien, wurde Annie sehr eifersüchtig und nähte seine Hosen unten zu und goß Wasser in seine Schuhe.

(Die Teetassen fielen fast zu Boden, als diese Geschichte wieder erzählt wurde.)

Zur Strafe hatte ich Annie verboten, drei Wochen lang in den Klub zu kommen. Aber sie erinnerte mich daran, daß sie nach einer Woche wiederkam, und bewies damit, daß Tante Kees' Disziplin manchmal ein wenig schlaff war.

Als Annie siebzehn Jahre war, war sie während der Freizeit in »Bliscap« sehr niedergeschlagen. Sie hatte sich gerade von ihrem damaligen Freund getrennt und dachte, daß nun die Welt unterginge. Sie erinnerte sich, daß wir im Freien saßen und nach den Sternen guckten. Ich hatte zu ihr gesagt: »Wenn du in Not bist und die Antwort nicht weißt, sag es dem Herrn! Deine Vergangenheit, deine Gegenwart und deine Zukunft sind in seiner Hand.« Damals hatte Annie den Herrn als ihren Heiland angenommen. Sie erzählte, daß sie in späteren Jahren immer, wenn sie in Not war, daran gedacht habe.

»Ich weiß, daß der Herr unser Leben in seine Hand nehmen will, wenn wir klein werden«, sagte Annie.

Nellie war in Deutschland geboren und kam erst mit vierzehn Jahren nach Holland. Als sie achtzehn war, kam sie in die Klubs. Sie glaubte nicht an Jesus Christus, fand ihn aber während einer Freizeit. Für Nellie waren die Lagerfeuer die schönsten Erlebnisse ihrer Klubzeit, wenn wir tiefgehende Gespräche führten. Sie dachte eine Weile nach, als wir sie fragten, wofür die Klubarbeit sie zubereitet hatte. Dann erinnerte sie sich an einen der Artikel unseres Klubgesetzes: »Hilf andern!« Sie sagte, daß auch heute noch die Leute wüßten, daß in ihrem Haus geholfen werde. »Laßt uns zu Nellie gehen – sie hat immer Suppe . . .«

Während die Mädchen immer mehr Erinnerungen und spätere Lebenserfahrungen austauschten, folgte eine Geschichte der andern. Reina erzählte, wie es sie immer beglückt habe, wenn wir im Kreis standen und unser Klublied sangen. Ellen de Kroon, meine Sekretärin, und Carole Carlson wußten nicht, was geschah, als wir plötzlich aufstanden, uns die Hände reichten, unseren Wahlspruch sagten und unser Lied sangen – nach fast vierzig Jahren der Trennung! Die Stimmen hatten sich wohl etwas geändert, aber die Begeisterung war noch da!

Reina sagte, daß sie zwar aus einer christlichen Familie stamme, daß aber erst die Klubarbeit sie dazu gebracht habe, andern Mädchen vom Evangelium zu erzählen. »Wißt ihr noch«, sagte sie und sah uns der Reihe nach an, »daß die Pfadfinderinnen ihre Uniform zum letzten Mal bei meiner Hochzeit trugen?«

Hank war von Anfang an bei den Klubs und erinnerte sich an ihr erstes Lagererlebnis. Eins der Mädchen schlafwandelte manchmal, und sie erzählte, wie besorgt Tante Kees um sie gewesen sei und sie vorsichtig wieder ins Bett gebracht habe. Am nächsten Morgen wurde jedoch auch entdeckt, daß die sogenannte Schlafwandlerin Süßigkeiten liebte, denn die Schokoladenstangen, die als Leckerbissen für die Lagerfeuer aufgehoben wurden, waren merkwürdigerweise von jemand im Schlaf verzehrt worden.

Julie war ein wenig schweigsam gewesen, aber jetzt brachte sie das Gespräch auf die Gegenwart. »Ich möchte unsern jungen Leuten so gern etwas geben von der Liebe, den Erlebnissen und der Kraft, die man erfährt, wenn man den Herrn kennt, wie wir es in den Klubs lernten, Tante Kees. Unsere Kinder haben soviel – und sind doch so arm. Sie haben heute soviel Freiheit – viel mehr als wir hatten – und sehen sich doch viel mehr Gefahren gegenüber.«

Es wurde sehr still im Zimmer. Jede hatte ihre eigenen Gedanken über Kinder, Enkel – unsere Jugend, die mit »Kriegen und Kriegsgeschrei« in einer Welt rechnen muß, die der Selbstvernichtung entgegengeht.

Ich blickte vom Wohnzimmer ins Eßzimmer, wo Vaters Bild hing. Ich sah ihn in Gedanken am ovalen Tisch, den Kopf gebeugt, während er betete: »Herr, segne die Königin; wir danken dir für diesen herrlichen Tag des Herrn und für die Verheißung deiner baldigen Wiederkunft. Wir danken dir für diese Speisen und für diese Familie – im Namen Jesu Christi. Amen.«

Wie dankbar bin ich, daß ich im Hause meines Vaters gelebt habe! Ja, Herr, ich danke dir für diese Familie. Ich sah meine Freundinnen an, die hier einen Nachmittag lang so viele Erinnerungen mit mir teilen konnten. Ich dankte dem Herrn für die Familie der Gläubigen überall auf Erden. Wie hatte sich die Liebe Gottes, die in dem Uhrmacherladen herrschte, von dort aus in alle Weltteile erstreckt – bis in Villen in Kalifornien und in Krankenhäuser in Kenya, von der Königin bis zu Gefängniswärtern!

Als die »goldene Teeparty« zu Ende war und die Klubmädchen sich verabschiedeten, gaben wir ein wenig unsere holländische Zurückhaltung auf und umarmten uns. Viele von ihnen hatten in den hinter uns liegenden Jahren viel leiden müssen und waren dennoch stark im Herrn geblieben. Ich wurde mir bewußt, daß alles, was wir in eigener Kraft tun, gereinigt werden muß; was wir aber in der Kraft des Herrn tun, hat Wert für Zeit und Ewigkeit.

Es ist jetzt nicht die Zeit, zurückzublicken. Wieviel wartet heute auf uns! Ich denke an das, was Vater oft sagte:

> Wenn Jesus deine Hand ergreift, hält Er dich fest.
> Wenn Jesus dich festhält, führt Er dich durchs Leben.
> Wenn Jesus dich durchs Leben führt,
> bringt Er dich sicher nach Hause.

Weitere Bücher Corrie ten Booms

Mit Gott durch dick und dünn
Weltreisende mit guter Nachricht 1945–1975
176 Seiten, R. Brockhaus Taschenbuch Bd. 852

Die Zuflucht
C. ten Boom erzählt aus ihrem Leben, 1892–1945
240 Seiten, R. Brockhaus Taschenbuch Bd. 817

Freu dich, das Beste kommt noch
Im Zentrum seines Willens leben
96 Seiten, R. Brockhaus Taschenbuch Bd. 305

Jesus ist Sieger
Training der Gemeinde in der Endzeit
128 Seiten, R. Brockhaus Taschenbuch Bd. 344

Corrie ten Boom
12 Bände in einer Kassette
1392 Seiten, R. Brockhaus Taschenbuch Bd. 868